Duden

Mach mit!

Eltern-Kind-Lerntraining

Grammatik

3./4. Klasse

von Marion Clausen
herausgegeben von Dorothee Raab

Dudenverlag
Mannheim · Zürich

Inhalt

Elternleitfaden

„Grammatik", das klingt nach Paukwissen und trockener Arbeit. Dabei macht es viel Spaß, sich mit der deutschen Sprache zu beschäftigen, vor allem, wenn Sie es gemeinsam mit Ihrem Kind in spielerischen Übungsrunden und einer fröhlichen Lernatmosphäre tun!
Mit diesem Buch können Sie mit Ihrem Kind, Wörter suchen und bestimmen, Sätze unter die Lupe nehmen, selber Wörter erfinden, rätseln – und dabei die grammatischen Kenntnisse ebenso trainieren wie Ausdauer, Konzentration, genaues Hinhören und das allgemeine Sprachgefühl.

Gebrauchsanweisung auf einen Blick

Dieses Buch enthält 25 Trainingsrunden. Jede Runde umfasst acht Fragen, die Sie (oder Tanten, Geschwister, Großeltern, Freunde ...) Ihrem Kind eine nach der anderen vorlesen, bei Bedarf auch mehrmals. Die Aufgaben sind aus verschiedenen grammatischen Bereichen zusammengestellt und nach ihrem Schwierigkeitsgrad von leicht bis schwierig angeordnet.

Für die Antwort braucht Ihr Kind ein bisschen Zeit zum Überlegen und grammatische Kenntnisse der deutschen Sprache, die dem Niveau der dritten und vierten Klasse entsprechen. Alle Aufgaben lassen sich im Kopf lösen, aber man darf auch Papier und Stift zu Hilfe nehmen.

Unter jeder Frage steht in farbiger Schrift die Lösung, sodass Sie problemlos die Antwort Ihres Kindes überprüfen können. Wenn Ihr Kind eine Aufgabe richtig gelöst hat, wird sie im Kästchen daneben abgehakt.
Ist eine Aufgabe für Ihr Kind (noch) zu schwierig, selbst wenn Sie hier mehr Hilfestellungen geben als sonst, wird sie einfach ausgelassen.
Wer mag, kann am Ende einer Runde seinen Namen, das Datum und die Anzahl der gelösten Aufgaben in die „Urkunde" eintragen.

Zur Belohnung und Entspannung winkt nach jeder Runde eine Mitmachseite für Ihr Kind. Hier gibt es Rätsel, Witze, Spiele, etwas zum Basteln oder Knobeln. Die Lösungen dazu stehen auf den Seiten 110 bis 112.

Ausführliche Hilfestellungen und Tipps finden Sie auf den folgenden Seiten dieses Elternratgebers.

Viel Spaß!

INFO !

Wozu dient dieses Buch?

Indem Sie als Elternteil gemeinsam mit Ihrem Kind auf unterhaltsame Weise üben, entsteht eine positive Lernsituation, die von Zuwendung und Interesse am Lernen geprägt ist. So können Sie freie Zeiten im Alltag, am Wochenende, auf Reisen usw. nutzen, um spielerisch gelerntes Wissen zu festigen und zugleich fachliche und allgemeine Kompetenzen zu stärken.
Ihr Kind kann mit diesem Buch

- etwas über den Aufbau der deutschen Sprache lernen,
- grammatische Regeln erkennen und anwenden,
- üben, sich sprachlich korrekt mitzuteilen,
- ausprobieren, welche Ausdrucksmöglichkeiten die Sprache bietet,
- Spaß an der Beschäftigung mit Sprache bekommen.

Was brauchen Sie und Ihr Kind?

Nur dieses Buch, gute Laune und etwas Muße. Üben Sie zu Hause, im Wartezimmer, auf einer langen Zugfahrt, am Urlaubsstrand ... Wenn es für Ihr Kind leichter ist, kann es sich auch Notizen auf einem Blatt Papier machen.

Wie suchen Sie die passende Trainingsrunde aus?

Die Aufgaben in den 25 Trainingsrunden entsprechen den Inhalten des Deutschunterrichts in der dritten und vierten Klasse der Grundschule. Eine festgelegte Reihenfolge der Trainingsrunden gibt es nicht. Am besten fangen Sie vorn an und hören hinten im Buch auf. Damit man die Runden leichter auseinanderhalten kann, hat jede zusätzlich zur Nummerierung eine eigene Überschrift.

Innerhalb einer Runde sind die Aufgaben von leicht nach schwierig sortiert, erkennbar an der Anzahl der Sterne:

✶ leicht ✶✶ mittel ✶✶✶ schwierig

Beachten Sie bitte, dass dies nur ungefähre Angaben sein können, da es Unterschiede zwischen den Bundesländern, einzelnen Schulen oder Klassen und auch im individuellen Wissen der Kinder gibt.

Welche grammatischen Bereiche kommen vor?

Jede Runde beinhaltet Aufgaben zu verschiedenen Grammatikthemen; so bleibt das Üben abwechslungsreich. Neben dem Schwierigkeitsgrad ist stets der Bereich angegeben, zu dem eine Frage gehört:

- Wortarten
- Satzlehre

- Wortfamilien / Wortfelder
- Vokale / Konsonanten / Doppellaute

So können Sie auch gezielt Aufgaben eines bestimmten grammatischen Bereichs trainieren.

Was tun, wenn Ihr Kind eine Aufgabe nicht bewältigt?

Das kann viele Ursachen haben:

- Möglicherweise hat Ihr Kind ein Thema im Deutschunterricht noch nicht behandelt.
  → In diesem Fall sollten Sie einfach die Aufgabe überspringen. Überlegen Sie sich eine Tauschaufgabe, die Sie stattdessen einsetzen können, zum Bespiel: ein Lied singen, ein Gedicht aufsagen, Reimwörter finden oder achtmal auf einem Bein hüpfen …
- Ihr Kind ist im Moment zu müde, zu unkonzentriert oder hat keine Lust.
  → Verschieben Sie das Training auf später.
- Die Frage wurde nicht verstanden.
  → Lesen Sie die Aufgabe noch einmal langsam vor und überlegen Sie gemeinsam, worum es sich dabei handelt. Hilfestellungen sind erlaubt!
- Ihr Kind beantwortet eine Frage falsch.
  → Macht nichts – erklären Sie ihm, wie es richtig geht.
- Ihr Kind beantwortet viele Fragen falsch.
  → Versuchen Sie, die Ursache herauszufinden. Wenn Sie das Gefühl haben, dass das Kind mit dem grammatischen Stoff überfordert ist, erkundigen Sie sich, ob das Thema bereits behandelt wurde. Sollten tatsächlich Wissenslücken oder allgemeine Defizite in deutscher Grammatik vorhanden sein, können Sie z. B. mit einer geeigneten Lernhilfe üben. Hier empfiehlt es sich, den Rat der Lehrkraft einzuholen.
- Ihr Kind hat Schwierigkeiten mit der Konzentration.
  → Dann darf es sich Notizen machen, während Sie die Aufgabe vorlesen. Beschränken Sie sich eventuell auf drei oder vier Aufgaben pro Runde, um Ihr Kind nicht zu überfordern.

Wichtig: Übertreiben Sie nicht! Nach einer Runde mit acht Aufgaben braucht Ihr Kind auf jeden Fall eine Pause.

Wie können Sie die grammatischen Fähigkeiten sonst noch üben und verbessern?

Alles, was die Beschäftigung mit Sprache fördert, ist geeignet, um das Sprachgefühl Ihres Kindes zu verbessern. Viele der folgenden Vorschläge sind auch für Auto- oder Zugfahrten geeignet.

INFO !

Zungenbrecher

Im Internet findet man eine Menge Zungenbrecher wie diese zum Ausprobieren: „Wenn Fliegen hinter Fliegen fliegen, fliegen Fliegen Fliegen nach." – „Zehn zahme Zebras zogen zehn Zentner Zucker zum Zirkus." Probieren Sie doch mal gemeinsam, sich eigene auszudenken!

Buchstaben- und Wörterspiele

- Wörter finden, die mit dem gleichen Buchstaben beginnen und aufhören: „nein", „Ente", „Tat", „gering" …
- In kurzen Wörtern einige Buchstaben vertauschen und die Wörter erraten lassen: „Ketar" (Kater), „Maub" (Baum), „Trob" (Brot) …
- Sätze finden, in denen alle Wörter mit demselben Buchstaben beginnen: „Kein Kater kann Kürbis kochen."
- Geheimsprachen erfinden, indem nach jeder Silbe zum Beispiel „bi" eingeschoben wird: „Wasbi möchbitestbi dubi heubitebi esbisenbi?"

Wörter finden

- Nach bestimmten Vorgaben neue, auch unsinnige Wörter erfinden, etwa ein Adjektiv mit drei Silben: „murmorig", „schietmalig", „dreisteinig"; oder zusammengesetzte Nomen mit drei Bestandteilen, wobei zwei davon eine bestimmte Bedeutung haben: „Windhundekuchen", „Lehrerzimmerpflanze", „Sommersprossensalat".
- Bandwurmwörter bilden: Einer gibt ein Wort vor, etwa „Hut", der Nächste schließt einen Wortbaustein an, z. B. „Hutfabrik", dann „Hutfabrikbesitzer", „Hutfabrikbesitzerauto" usw. Es ist schon gut, wenn vier Begriffe aneinandergereiht werden.
- Nomen mit möglichst vielen Konsonanten suchen wie „Strumpf", „Schwan".
- Gegensätze finden, z. B. Adjektive: „hell – dunkel", „reich – arm"; oder Verben: „schlafen – wachen", „lachen – weinen".
- Stadt, Land, Fluss: Jeder malt eine Tabelle mit sechs oder sieben Spalten auf ein Blatt, dann werden die Rubriken festgelegt. Durch stilles Auszählen wird jeweils ein Anfangsbuchstabe ermittelt, und alle füllen möglichst rasch die Spalten mit passenden Nomen aus. Wer zuerst fertig ist, ruft „Stopp!". Nun werden die Punkte vergeben: Für jeden gefundenen Begriff gibt es fünf Punkte, wer diesen Begriff als Einziger gefunden hat, bekommt sogar 10 Punkte. Wenn man überhaupt der Einzige ist, der in einer Spalte einen Begriff gefunden hat, erhält man 20 Punkte.

Wortschatz erweitern

Abwechselnd überlegt sich jeder einen anderen Begriff für ein übliches Wort, bis niemandem mehr etwas einfällt. Besonders gern spielen Kinder dies mit ausgedachten Schimpfwörtern wie „Superknalltüte“ oder „Großmaulangeber“ usw. Geeignete Wörter sind u. a. „sagen“ (antworten, behaupten, flüstern, schreien, rufen, erklären, murmeln, plappern, reden, schwätzen, beteuern, wispern …) oder „schrecklich“ (abscheulich, ekelhaft, schauderhaft, widerlich, schlimm, scheußlich, fürchterlich, haarsträubend …) usw.

Geschichten erzählen

- Der erste Mitspieler gibt einen Satz vor, etwa: „Gestern fand ich im Keller einen geheimnisvollen Koffer.“ Nun setzen die anderen Mitspieler die Geschichte mit jeweils dem nächsten Satz fort.
- Bekannten Geschichten eine andere Wendung oder einen anderen Schluss geben. Was wäre zum Beispiel geschehen, wenn Pippi Langstrumpf keine Goldstücke gehabt hätte? Wie wäre das Märchen vom Froschkönig weitergegangen, wenn die Prinzessin ihr Versprechen gleich erfüllt hätte?

Ratespiele

- Interview: Auf die Fragen des ersten Mitspielers darf der zweite weder mit Ja noch Nein antworten, sondern muss die Antwort zu umschreiben versuchen: „Magst du Pizza?“ – „Nicht jeden Tag.“
- Teekesselchen: Wortgleiche Begriffe, die verschiedene Bedeutungen haben, werden verbal umschrieben, ohne sie direkt zu nennen; die anderen müssen raten, z. B. „Schloss“, „Hahn“, „Wirbel“.
- Scrabble mit grammatischen Vorgaben spielen, zum Beispiel dürfen nur Verbformen gelegt werden.
- Spielen Sie mal wieder „Ich sehe etwas, was du nicht siehst“, ein Spiel, bei dem man nur mit Ja oder Nein antworten darf.

Satzarten erkennen

Sie formulieren laut einen Frage-, Aussage- oder Aufforderungssatz und Ihr Kind gibt die Satzart und das passende Satzschlusszeichen an. Wenn Sie witzige Unsinnssätze verwenden, macht das viel Spaß, etwa: „Der Vater sprang vom Heuboden und landete mitten auf dem Marktplatz.“ – „Lass das Werfen mit Frikadellen sein!“ – „Warum darf man in der Straßenbahn nicht baden?“

INFO

Wortarten erkennen

Nutzen Sie alltägliche Situationen, um nach der Wortart zu fragen: Welche Wortart ist „Erdbeere“, „bezahlen“ oder „reif“? Das kann man auch mit Stoppuhr spielen: Ihr Kind soll eine Minute lang auf Zuruf möglichst viele Wortarten finden. Für jedes gefundene Wort gibt es einen Punkt.

Lesen und Vorlesen

Ein Kind, das viel liest, verbessert automatisch sein Sprachgefühl. Erkunden Sie gemeinsam die Schul- oder Stadtbücherei.
Lesen Sie oft vor, bspw. kuriose Nachrichten aus der Zeitung. Unbekannte Wörter können Sie dann gleich erklären.
Auch Hörbücher bringen Kindern Sprache näher.

Was bedeuten die lateinischen Fachbegriffe?

Die folgende Tabelle listet alphabetisch wichtige lateinische grammatische Fachbegriffe und ihre deutschen Entsprechungen auf und gibt einige Hinweise sowie Beispiele an.

lateinisch	deutsch	Funktion und Beispiele
Adjektiv	Eigenschaftswort Wiewort	Sagt aus, wie Menschen, Tiere, Pflanzen oder Dinge sind bzw. welche Eigenschaft sie haben: schnell, rot, friedlich, sonderbar; Lisa ist freundlich.
Akkusativ	4. Fall Wen-Fall	Nomen ändern ihre Form je nachdem, wie sie im Satz verwendet werden. Nach dem Akkusativ fragt man mit „Wen?“ oder „Was?“ Sie grüßt die Nachbarin.
Artikel	Begleiter Geschlechtswort	Nomen haben einen Begleiter in der männlichen, weiblichen oder sächlichen Form. Er kann bestimmt oder unbestimmt sein: der Baum, die Katze, das Spiel; ein Baum, eine Katze, ein Spiel
Dativ	3. Fall Wem-Fall	Nomen ändern ihre Form je nachdem, wie sie im Satz verwendet werden. Nach dem Dativ fragt man mit „Wem?“ Er gibt der Lehrerin das Buch.
Diphthong	Doppellaut	Es gibt neben den einzelnen Vokalen auch die Doppellaute ai, ei, au, äu und eu.

lateinisch	deutsch	Funktion und Beispiele
Futur	Zukunft	Diese Zeitform des Verbs drückt aus, was in der Zukunft geschieht: Sie wird morgen abreisen.
Genitiv	2. Fall Wessen-Fall	Nomen ändern ihre Form je nachdem, wie sie im Satz verwendet werden. Nach dem Genitiv fragt man mit „Wessen?" Sie trägt das Kleid ihrer Schwester.
Infinitiv	Grundform des Tunworts	In der Grundform enden die Verben auf -en oder -n: tragen, basteln.
Konjunk-tion	Bindewort	Verbindet Wörter, Wortgruppen oder Sätze miteinander: und, oder, weil, wenn, dass; Ich bin traurig, weil du abreist.
Konsonant	Mitlaut	Laut, der nur mithilfe eines Selbstlautes klingt: d (de), f (ef), z (zett)
Nomen	Hauptwort Namenwort	Bezeichnet Personen, Tiere, Dinge oder das, was wir fühlen oder uns vorstellen: Mädchen, Hamster, Haus, Einfall
Nominativ	1. Fall Wer-Fall	Nomen ändern ihre Form je nachdem, wie sie im Satz verwendet werden. Nach dem Nominativ fragt man mit „Wer?" oder „Was?" Der Mann gießt die Blumen. Alle Kinder sitzen im Bus.
Objekt	Satzergänzung	Dieses Satzglied ergänzt einen Satz um wichtige Angaben: Er fragt seine Lehrerin.
Perfekt	2. Vergangenheit	Diese Zeitform des Verbs verwendet man, wenn man etwas erzählt, was vor Kurzem passiert ist: Er hat gegessen. Sie sind gelandet.
Plural	Mehrzahl	Nomen können in der Einzahl und in der Mehrzahl vorkommen: die Kekse, die Gabeln, die Bücher. Manche Nomen gibt es nur in der Mehrzahl: die Eltern, die Ferien.
Prädikat	Satzaussage Satzkern	Dieses Satzglied bezeichnet, was jemand tut oder was geschieht. Es kann ein- oder mehrteilig sein: Anna gab ihm den Ball. Wir haben den Zug verpasst.

lateinisch	deutsch	Funktion und Beispiele
Präposition	Verhältniswort	Drückt das Verhältnis von Dingen oder Personen zueinander aus, z. B. räumlich oder zeitlich: hinter, auf, neben, seit; Ich liege auf dem Sofa. Seit gestern ist er krank.
Präsens	Gegenwart	Diese Zeitform des Verbs verwendet man für etwas, das gerade geschieht: Ich esse. Er liest. Wir lachen.
Präteritum (Imperfekt)	1. Vergangenheit	Diese Zeitform des Verbs verwendet man, wenn man etwas aufschreibt, was schon vor einiger Zeit geschah: Er sah den Film. Wir lachten. Ich aß.
Pronomen	Fürwort	Vertreten Nomen im Satz und können wie diese ihre Form verändern und in den vier Fällen gebraucht werden: ich, du, er, sie, es, wir, ihr, sie; Wir holen euch ab. Stehen sie vor einem Nomen, können sie den Besitzer anzeigen: mein, dein, sein, ihr, unser, euer; Das ist mein Buch, nicht deins.
Singular	Einzahl	Nomen können in der Einzahl und in der Mehrzahl vorkommen: das Buch, der Keks, die Gabel; Manche Nomen gibt es nur in der Einzahl: die Liebe, der Zucker
Subjekt	Satzgegenstand	Dieses Satzglied benennt, wer etwas tut. Es steht immer im 1. Fall (Nominativ) und kann aus einem oder mehreren Wörtern bestehen: Ich gehe ins Schwimmbad. Meine Eltern verreisen.
Substantiv → Nomen		
Verb	Tuwort Tunwort Zeitwort	Bezeichnet, was geschieht oder was jemand tut: laufen, essen, lachen, mögen Max springt ins Wasser.
Vokal	Selbstlaut	Laut, der ohne Hilfe eines anderen Lautes klingt: a, e, i, o, u.

RUNDE 1

Leos Freund

1 Wortarten

In dem folgenden Satz fehlt ein Wort. Wie heißt es und zu welcher Wortart gehört es?

Leo seinen Freund mit dem Schlauch nass.

Es heißt „spritzt" und ist ein Verb.
Man kann auch „macht nass" nehmen, das ist aber ungenauer und stilistisch schlechter.

2 Wortarten

Wie heißt die Mehrzahl von „Kobold"?

Kobolde

3 Wortarten

Hänsel und Gretel staunen: So große Lebkuchen wie am Lebkuchenhaus der alten Hexe haben sie noch nie gesehen! Da klebt ein großes Stück auf der Haustür, ein noch größeres Stück bildet einen Fensterladen. Und was sehen sie auf dem Dach? (Denk bei der Antwort an die zweite Steigerungsform des Adjektivs.)

Auf dem Dach sehen sie das größte Stück Lebkuchen.

4 Wortfamilien / Wortfelder

Nenne vier Verben, die zum Wortfeld „sehen" gehören.

anschauen, starren, betrachten, beobachten, erblicken, blinzeln, mustern …

5 Wortarten

Wie viele Adjektive stecken in diesem Textabschnitt?

Als der dicken Katze der Geruch von frischem Fisch in die Nase stieg, knurrte ihr leerer Magen, weshalb sie sofort von ihrem sonnigen Platz auf der Mauer heruntersprang und sich an das offene Fenster zur Küche schlich, hinter dem der freundliche Herr Meier gerade sein leckeres Abendessen zubereitete. Ob sie wohl ein klitzekleines Stückchen Fisch abbekommen würde?

Es sind acht Adjektive, sie sind hervorgehoben.

6 Satzlehre

Verbinde die folgenden beiden Sätze mit dem Bindewort „dass“:

Herr Meier weiß es genau.
Die dicke Katze möchte ein Stück Fisch.

Herr Meier weiß genau, dass die dicke Katze ein Stück Fisch möchte.

7 Satzlehre

Kennst du das Märchen vom Froschkönig? Darin macht eine Prinzessin einem Frosch Versprechungen, die sie später nicht halten will. Am Ende wird aber doch alles gut, denn die Prinzessin tut genau das Richtige. Weißt du, was?

Hörе dir diese Wörter an und bilde daraus den passenden Aussagesatz:

Wand – Frosch – werfen – Prinzessin

Die Prinzessin wirft den Frosch an die Wand.

★★★ ☐

8 Wortfamilien / Wortfelder

Beim Spiel „Teekesselchen" muss man Begriffe finden, die gleich klingen, aber zwei verschiedene Bedeutungen haben, zum Beispiel „Hahn" (entweder ein Tier oder ein Wasserhahn).

Welcher Begriff ist hier gemeint?

Unser Teekesselchen bezeichnet einen Gegenstand, auf dem es sich gut sitzen lässt.

Es benennt aber auch einen Ort, an dem man Geld einzahlen oder abheben kann.

die Bank

.... hat am ....

Name Datum

Aufgaben richtig gelöst. Prima!

Die Seite für dich: Mach mit!

Scherzfragen

1. Ein Tierforscher ist in Afrika unterwegs. Plötzlich sieht er eine ungewöhnlich lange Schlange. Was soll er tun?
2. Was ist beim Elefanten klein und beim Floh groß?
3. Welcher Ring ist nicht rund?
4. Was ist vor dem Waschen sauber und nach dem Waschen schmutzig?
5. Wer trägt eine Brille und kann trotzdem nicht sehen?
6. Welchen Unterschied gibt es zwischen einem Pferd und einem Blitz?
7. Auf dem Schulfest sieht Marvin einen Jungen mit einer schönen Mütze. Woher weiß Marvin, dass die Mütze gestohlen ist?

Bilderrätsel

Finde heraus, was das jeweilige Bild bedeutet. Wenn Ersatzbuchstaben genannt sind, tausche die angegebenen Buchstaben aus. Das Lösungswort bezeichnet ein bei Kindern beliebtes Gericht.

☐☐☐☐☐☐☐☐☐☐☐☐☐☐☐

RUNDE 2

Blauer Himmel

1 Wortarten

Wie heißen die zusammengesetzten Adjektive?
Beispiel: gelb wie die Sonne – sonnengelb

blau wie der Himmel
weiß wie Schnee
süß wie Zucker

himmelblau, schneeweiß, zuckersüß

2 Wortarten

Welche zwei Nomen in dieser Reihe sind nicht männlich oder weiblich?

Eule – Sommer – Messer – Mond – Winter – Großvater – Nase – Haus

das Messer und das Haus

3 Wortfamilien / Wortfelder

Heute findet in der Schule das Sportfest statt. Die Kinder freuen sich auf die Wettkämpfe. Nenne mindestens vier Verben, die etwas mit Sport zu tun haben.
Beispiel: laufen

springen, rennen, werfen, schwimmen, gewinnen, starten, verlieren, schwitzen …

★★★ ☐

4 Vokale / Konsonanten / Doppellaute

In diesen Wörtern kannst du die Vokale austauschen und erhältst so ein neues Wort.
Beispiel: Mond – Mund

Wie lauten die drei neuen Wörter?

Wind, Tanne, Block

Wand, Tonne, Blick

★★★ ☐

5 Wortarten

Ersetze alle Nomen durch Pronomen.
Beispiel: Das Mädchen spielt mit dem Hund. Sie spielt mit ihm.

Der Clown warf die Mütze hoch.

Er warf sie hoch.

★★★ ☐

6 Wortarten

Übertrage diesen Satz in die 1. Vergangenheit (Präteritum).

Ich springe über den Bach, rutsche am anderen Ufer ab und falle rückwärts ins Wasser.

Ich sprang über den Bach, rutschte am anderen Ufer ab und fiel rückwärts ins Wasser.

★★★ **7 Satzlehre**

☐ Wie lautet in diesem Witz die wörtliche Rede?

Die Oma sitzt am Bett ihres Enkels und liest ihm ein Buch vor. „Du Oma", unterbricht er, „nicht so laut bitte, ich möchte schlafen."

„Du Oma, nicht so laut bitte, ich möchte schlafen."

★★★ **8 Satzlehre**

☐ Formuliere zu dem folgenden Satz zwei verschiedene Fragesätze:

Opa Krause liest am liebsten spannende Detektivgeschichten.

Wer liest am liebsten spannende Detektivgeschichten?
Was liest Opa Krause am liebsten?

.... hat am ....
Name Datum

☐ Aufgaben richtig gelöst. Prima!

Die Seite für dich: Mach mit!

Popcorn selbst gemacht

Magst du Popcorn? Du kannst es ganz einfach selbst herstellen. Gieß in einen Kochtopf so viel Speiseöl, dass der Boden gerade eben bedeckt ist. Dann stell den Topf auf den Herd und lass das Öl bei mittlerer Temperatur heiß werden. Gib eine große Tasse voll Maiskörner in den Topf und leg den Deckel auf. Nun werden die Körner in dem Topf heiß und ploppen. Ab und zu den Topf vorsichtig hin und her rütteln, aber nicht den Deckel abheben! Wenn du kein Ploppen mehr hörst, ist das Popcorn fertig. Du kannst es mit Zucker, Salz oder Zimt mischen. Guten Appetit!

Berufe-Silbenrätsel

Wenn du die Silben richtig zusammensetzt, findest du insgesamt vier eher seltene Berufe. Die Anfangsbuchstaben erkennst du, weil sie großgeschrieben sind.

Ka spie pen Spar le er frau bau gel Tä rin wie to Pup me rer ra

....

....

....

....

RUNDE 3

Krötensuppe

★★★

1 Wortarten

Die Moorhexe kocht um Mitternacht eine Krötensuppe.

Nenne vier Adjektive, die den Geschmack der Suppe beschreiben könnten. Lass deiner Fantasie freien Lauf ...

schleimig, heiß, scharf, eklig, widerlich, würzig, salzig ...

★★★

2 Wortarten

Wie lautet die Grundform dieser drei Verben?

sie isst
du holst
ihr wandert

essen – holen – wandern

★★★

3 Wortarten

Achte in den folgenden Sätzen auf die Adjektive. ,
Welche hörst du?

Die Moorhexe hat inzwischen ihre Krötensuppe aufgegessen. Nun sucht sie ihren Zauberstab. Es ist ein krummer, hölzerner Stab mit schwarzen, geheimnisvollen Zeichen darauf.

krummer, hölzerner, schwarzen, geheimnisvollen

★★★

4 Wortarten

☐ Auf dem Flohmarkt hat Selina ein paar echte Schnäppchen gemacht. Zu Hause fragt ihre Mutter: „Was hast du auf dem Flohmarkt gefunden?“ Selina hat diese Sachen gekauft: den Handspiegel, das T-Shirt, die Taschenlampe.

Antworte für Selina und ersetze den bestimmten Artikel durch den unbestimmten Artikel.

einen Handspiegel, ein T-Shirt und eine Taschenlampe

★★★

5 Wortarten

☐ Tom, Nico und Ali sind mit ihren Fahrrädern unterwegs. Als sie an einem Hügel ankommen, ruft Nico: „Wetten, dass ich am schnellsten oben bin?“ Dann rast er los.

Bilde auch einen Satz mit „Wetten, dass“ und der zweiten Vergleichsstufe eines Adjektivs.

Wetten, dass ich am lautesten brüllen kann?
Wetten, dass ich am weitesten springen kann?
...

★★★

6 Wortarten

☐ In diesen Sätzen stimmen die Verhältniswörter nicht. Ersetze sie durch bessere.

Das Ei ist unter der Pfanne.
Das Bild hängt zwischen der Wand.
Der Baum steht auf dem Haus.

Das Ei ist in der Pfanne.
Das Bild hängt an der Wand.
Der Baum steht vor *(oder neben oder hinter)* dem Haus.

★★★ ☐

7 Wortarten

Von manchen Nomen gibt es keine Mehrzahl, zum Beispiel von „Mehl“. Fällt dir noch ein anderes Beispiel ein?

Obst, Schnee, Glück, Zucker, Fleiß, Himmel, Milch …

★★★ ☐

8 Satzlehre

Welches Satzglied in dem folgenden Satz ist das Objekt?

Die Moorhexe kocht um Mitternacht eine Krötensuppe.

eine Krötensuppe

.... hat am ....
Name Datum

☐ Aufgaben richtig gelöst. Prima!

Die Seite für dich: Mach mit!

Tiere von A bis Z

Findest du für jeden Buchstaben ein Tier? Wenn du nicht weiterweißt, kannst du in einem Lexikon oder im Internet nachschauen.

A ....

B ....

C Chamäleon

D ....

E ....

F ....

G ....

H ....

I ....

J ....

K ....

L ....

M ....

N ....

O ....

P ....

Q ....

R ....

S ....

T ....

U ....

V ....

W ....

X ....

Y ....

Z ....

Schulwitz

Die Schule ist aus. Inga, Tim und Hassan gehen nach Hause. „Was machen wir heute Nachmittag?“, fragt Tim. „Ich weiß“, antwortet Hassan. „Wir werfen eine Münze. Bei Zahl gehen wir schwimmen. Bei Kopf gehen wir ins Kino.“ „Fein“, sagt Inga. „Und wenn die Münze auf dem Rand stehen bleibt, machen wir Hausaufgaben!“

RUNDE 4

Herzlichen Glückwunsch!

★★★

1 Wortarten

Wie lautet die Mehrzahl von „der Glückwunsch“?

die Glückwünsche

★★★

2 Wortfamilien / Wortfelder

Finde fünf Begriffe (Nomen, Verben, Adjektive), die etwas mit „Kälte“ zu tun haben.

Eis, Schnee, frieren, Winter, Kühlschrank, Mütze, einschneien, eiskalt …

★★★

3 Wortarten

Welches Wort passt in die Lücke?

Am Nordpol ist es .... als bei uns.

kälter

4 Wortarten

Zähle alle Nomen, die in dem folgenden kleinen Text vorkommen.

Im Jahr 1951 schenkte ein begeisterter Fußballfan seinem Verein eine lebendige Ziege als Maskottchen. Es sollte damals nur ein Karnevalsscherz sein. Aber Zuschauer und Spieler fanden die Idee gut. Inzwischen grast schon der achte Ziegenbock am Spielfeldrand, wenn die Mannschaft spielt. Weißt du, welcher Fußballklub gemeint ist?

Es sind 13 Nomen, sie sind hervorgehoben.
Beim Fußballverein handelt es sich um den 1. FC Köln.

5 Wortarten

Aus manchen Nomen kann man ganz leicht Adjektive bilden, indem man einen Wortbaustein an das Wortende anfügt. Beispiele: Grund – grundlos, Wunder – wunderbar, Angst – ängstlich

Welche drei Adjektive entstehen auf diese Weise aus dem Nomen „Furcht“?

furchtlos – furchtbar – fürchterlich

6 Wortarten

Wie muss dieser Satz richtig heißen?

Der Hund riss der Junge der Knochen aus der Hand.

Der Hund riss dem Jungen den Knochen aus der Hand.

★★★ ☐

7 Satzlehre

Bilde aus zwei Sätzen einen Satz, indem du ein Bindewort benutzt.
Beispiel: Lisa kocht heute Spaghetti. Sie kocht Tomatensoße.
Lisa kocht heute Spaghetti und Tomatensoße.

Sunji kann nicht gut rechnen. Sie kann fabelhaft singen.

Sunji kann nicht gut rechnen, aber fabelhaft singen.

★★★ ☐

8 Satzlehre

Welches Wort in diesem Unsinnssatz bildet das Prädikat?

Das gröriche Gnurkupang grupfte gieseling Gopeck.

grupfte

.... hat am ....
Name Datum

☐ Aufgaben richtig gelöst. Prima!

Die Seite für dich: Mach mit!

Mini-Sudoku

In jedem Feld mit den vier Kästchen und in jeder Reihe (waagerecht und senkrecht) sollen die Buchstaben A, B, C und D stehen. Aber jeder Buchstabe darf nur einmal pro Feld und einmal pro Reihe eingesetzt werden.

		A	
	D		

Balltricks

Setz dich mit gegrätschten Beinen auf den Fußboden. Nun lass mit der rechten Hand einen Ball rechts neben dir aufprellen. Dann beweg ihn in die Mitte zwischen deine Beine. Wechsle die Hand und wandere weiter mit ihm links neben dich.
Und natürlich wieder zurück. Schaffst du es, den Ball abwechselnd mit der rechten und mit der linken Hand in die Mitte zu prellen? Versuch es!

RUNDE 5

Geisterbahn

★★★

1 Vokale / Konsonanten / Doppellaute

☐

Welcher Konsonant wurde in diesem Satz vertauscht?

Luis hab heube viel Spaß bei der Fahrb in der Geisberbahn.

Statt „t“ steht „b“.

★★★

2 Wortarten

☐

Wie müsste es hier richtig heißen? Ein Verhältniswort ist falsch.

Aus der Gondel am Riesenrad hat man einen weiten Blick unter die Stadt.

über die Stadt

★★★

3 Wortarten

☐

An der Losbude ist der Hauptgewinn ein riesengroßer Plüschhund. Beschreibe mit mindestens vier Adjektiven, wie der Hund aussehen könnte.

rosa, blau, plüschig, weich, treu, lieb, herzig, wuschelig, niedlich …

4 Wortarten

Luis, Mia und John kaufen sich Lose. Der Hauptgewinn fällt auf die Nummer 12. Die Kinder vergleichen ihre Losnummern. Ergänze die Sätze und verwende dabei die passenden besitzanzeigenden Pronomen.

Luis fragt John: „Ist das …?“
Da ruft Mia schon aufgeregt: „Das ist ja …!“

Luis fragt John: „ Ist das deine Nummer?" *(oder: dein Los)*
Da ruft Mia schon aufgeregt: „Das ist ja meine Nummer!"
(oder mein Los oder mein Gewinn)

5 Wortarten

Welche Zeitform findest du in diesem Satz?

Im letzten Jahr traute sich Luis noch nicht in die Geisterbahn und fuhr stattdessen lieber mit dem Riesenrad.

1. Vergangenheit (Präteritum)

6 Wortarten

Wie lauten die vier Fälle von „der Plüschhund“?

der Plüschhund
des Plüschhunds
dem Plüschhund
den Plüschhund

7 Wortfamilien / Wortfelder

Nenne fünf Wörter, die wie das Wort „Jahrmarkt“ zur Wortfamilie „Jahr“ gehören.

jährlich, ganzjährig, Jahreszeit, volljährig, Jahrhundert, Schaltjahr, Geburtsjahr, jahraus – jahrein, Jahrbuch, jahrelang, verjähren …

★★★

8 Vokale / Konsonanten / Doppellaute

In dieser Losbude gibt es nur Gewinne, die einen Umlaut im Namen haben, also ein ä, ö oder ein ü wie in Plüschhund. Andere Beispiele dafür sind: Apfelbräter, Lötkolben.

Fallen dir drei weitere mögliche Gewinne ein?

Märchenbuch, Käsehobel, Stofflöwe, Dosenöffner, Küchenuhr, Süßwaren, Blütenpflanze …

.... hat am ....

Name Datum

Aufgaben richtig gelöst. Prima!

Die Seite für dich: Mach mit!

Märchenraten

Überlege, aus welchen Märchen die Sätze stammen. Die Lösungsbuchstaben müssen in die richtige Reihenfolge gebracht werden, dann ergeben sie das Lösungswort.

Da lag die Großmutter und sah so wunderlich aus. „Ei, Großmutter, was hast du für große Ohren!“

☐ ☐ [1] ☐ ☐ ☐ ☐ ☐ ☐ ☐ ☐

Sie wusste gar nicht, wie man Stroh zu Gold spinnen konnte …

☐ ☐ ☐ ☐ ☐ ☐ ☐ ☐ ☐ ☐ [4] ☐ ☐ ☐ ☐

Kaum aber hatte sie die Spindel angerührt, so ging der Zauberspruch in Erfüllung und sie stach sich damit in den Finger.

☐ ☐ ☐ ☐ ☐ ☐ ☐ ☐ ☐ [5] ☐

Der erste sprach: „Wer hat auf meinem Stühlchen gesessen?“ Der zweite: „Wer hat von meinem Tellerchen gegessen?“

☐ ☐ ☐ [6] ☐ ☐ ☐ ☐ ☐ ☐ ☐ ☐ ☐ ☐

Du musst nur achtgeben, dass du mein Bett gut machst und es fleißig aufschüttelst, dass die Federn fliegen, dann schneit es in der Welt.

☐ ☐ [2] ☐   ☐ ☐ ☐ ☐ ☐

Wenn sie nun die Stimme der Zauberin vernahm, so band sie ihre Zöpfe los und wickelte sie um einen Fensterhaken, dann fielen die Haare 20 Ellen* tief herunter, und die Zauberin stieg daran hinauf.

☐ ☐ ☐ ☐ [3] ☐ ☐ ☐

* Elle = altes Längenmaß

Lösungswort: ☐ ☐ ☐ ☐ ☐ ☐

① ② ③ ④ ⑤ ⑥

RUNDE 6

Geschenk

★★★ ☐

1 Wortarten

Welches Verhältniswort fehlt hier und wie lautet der ganze Satz?

Das Geschenk war den Schrank gerutscht.

unter
Das Geschenk war unter den Schrank gerutscht.

★★★ ☐

2 Vokale / Konsonanten / Doppellaute

Wenn man in dem Beispielwort den Vokal durch einen anderen ersetzt, erhält man ein neues sinnvolles Wort.
Beispiel: Huhn – Hahn

Welches Wort kann man auf diese Weise aus „BALD“ machen?

BILD

★★★ ☐

3 Vokale / Konsonanten / Doppellaute

Nenne ein Wort, das mindestens drei Vokale enthält.
Beispiel: Lebkuchen

Tomate, Schildkröte, Schneemann, Haselnuss, Buchstabe, Schlittenfahrt …

4 Wortarten

Stell dir vor, dass in der nächsten Woche Heiligabend ist. Beschreibe in drei Sätzen, was du an diesem Abend erwartest. Benutze die Zeitform Zukunft und die Ich-Form.

Ich werde auf die Bescherung warten. Am Nachmittag werde ich die letzten Geschenke einpacken. Dann werde ich beim Christbaumschmücken helfen.

5 Wortarten

Welcher Fall ist „ein Geschenk" in diesem Satz?

Am Heiligabend verschwand plötzlich ein Geschenk.

1. Fall (Nominativ)
Wer oder was verschwand plötzlich?

6 Satzlehre

In diesem Satz fehlt ein zweiteiliges Prädikat. Kannst du es ergänzen?

Am Heiligabend meine Schwester immer ein Gedicht.

Am Heiligabend trägt *(oder sagt)* meine Schwester immer ein Gedicht vor *(oder auf)*.

7 Satzlehre

Bestimme in diesem Satz mindestens zwei Satzglieder.

Sie vergisst jedes Mal die letzte Strophe.

Subjekt: Sie
Prädikat: vergisst
Objekt: die letzte Strophe
Adverbiale Bestimmung: jedes Mal

✷✷✷

☐

8 Wortarten

Manchmal sind in einem Satz die Pronomen nicht passend eingesetzt. Dann weiß man nicht genau, wer gemeint ist. Beispiel: Mein Bruder streichelt den Hund. Er wird ganz ruhig dabei.

Hör dir diesen Text aufmerksam an. Kannst du ihn verbessern? *(Satz für Satz langsam vorlesen.)*

Mein Vater machte mit unserem Hund Fips einen Spaziergang im Park. Plötzlich riss er sich los. Mein Vater lief hinter ihm her. Aufgeregt schnüffelte er an einem Mauseloch. Zum Glück konnte man ihn schnell wieder einfangen.

Mein Vater machte mit unserem Hund Fips einen Spaziergang im Park. Plötzlich riss Fips sich los. Mein Vater lief hinter ihm her. Aufgeregt schnüffelte unser Hund *(oder Fips)* an einem Mauseloch. Zum Glück konnte mein Vater ihn schnell wieder einfangen.

.... hat am ....

Name Datum

☐ Aufgaben richtig gelöst. Prima!

Die Seite für dich: Mach mit!

Buchstaben vertauscht

Erkennst du, wie diese Nomen richtig lauten?
Ein Tipp: Nur die Vokale sind am falschen Platz.

BERNI ....
POLIT ....
TESSA ....
NEDUL ....
LEMPA ....
GIMMU ....

Findest du selbst noch mehr Wörter, die du nach diesem Muster verwandeln kannst?

Türschild basteln

Kennst du das auch? Du möchtest einfach mal in Ruhe gelassen werden und ungestört in deinem Zimmer sein. Bastle dir doch ein passendes Türschild. Schneide die Form aus dicker Pappe aus. Auf eine Seite schreibst du, dass du gerade nicht gestört werden willst; auf die andere malst du eine Sonne und lädst zum Eintreten ein. Jetzt musst du das Schild nur noch mit der passenden Seite nach außen aufhängen, je nach deiner Stimmung …

RUNDE 7

Sommerwetter

1 Satzlehre

Welches Satzzeichen steht am Ende eines Fragesatzes wie dieser?

Wie wird das Wetter heute ....

ein Fragezeichen

2 Wortarten

Das Wort „kurzhaarig“ ist das Gegenteil von „langhaarig“.

Wie lautet das Gegenteil von „großkariert“?

kleinkariert

3 Vokale / Konsonanten / Doppellaute

Suche drei Wörter mit Doppellauten wie „laut“, „Leiter“ oder „heute“.

Haut, staunen, braun, Seife, Weise, einkaufen, läuten, Mäuse, Heu, …

4 Wortarten

Wie lautet die Grundform des Verbs, das in diesem Satz vorkommt?

Meine Schwester zerriss den Liebesbrief in viele Stücke.

zerreißen

5 Wortarten

Seit Tagen ist es unglaublich heiß. Kein Lüftchen weht, die Sonne scheint von morgens bis abends. Alle Menschen schwitzen.
Leo ruft Daniel an und fragt: „Kommst du mit auf eine Fahrradtour?"
Daniel antwortet: „Es ist viel zu heiß, um Fahrrad zu fahren."

Nenne drei weitere Tätigkeiten, zu denen Daniel bei dieser Hitze bestimmt keine Lust hat. Verwende die Grundform des Verbs.

Es ist viel zu heiß, um ...

Es ist viel zu heiß, um Fußball zu spielen.
…, um Hausaufgaben zu machen.
…, um Suppe zu kochen.
…, um im Garten zu arbeiten.
…

6 Wortarten

Vergleiche eine Pflaume, eine Melone und einen Apfel in der Größe. Bilde zwei Sätze mit Adjektiven in der ersten und zweiten Vergleichsstufe (Steigerungsform).

1. Vergleichsstufe:
Die Pflaume ist kleiner als der Apfel.
(Oder: Der Apfel ist größer als die Pflaume.)

2. Vergleichsstufe:
Die Melone ist am größten.
(Oder: Die Pflaume ist am kleinsten.)

7 Wortfamilien / Wortfelder

Nenne vier Nomen aus dem Wortfeld „Wetter“.

Sonnenschein, Regen, Schnee, Wetterfrosch, Wettervorhersage, Temperatur, Windstärke …

8 Satzlehre

Nach der großen Hitze geht ein Gewitter nieder. Leo steht am Fenster und schaut hinaus. Was könnte er denken oder beobachten?

Bilde einen Ausrufesatz und einen Fragesatz.

Ausrufesatz:
Was für ein lauter Donner!
Hilfe, es donnert und blitzt so heftig! …

Fragesatz:
Wie weit ist das Gewitter noch weg?
Wie lange dauert das Gewitter wohl noch? …

.... hat am ....
Name Datum

Aufgaben richtig gelöst. Prima!

Die Seite für dich: Mach mit!

Geräusche sammeln

Geräusche können geheimnisvoll klingen, manchmal auch aufregend, störend oder einfach nur schön. Schließe die Augen und denke an die folgenden Geräusche. Kannst du sie dir vorstellen?

- Die Glocken läuten.
- Eine Biene summt.

- Jemand lacht laut.
- Ein Wasserhahn tropft.
- Ein Luftballon platzt.
- Eine Uhr tickt.
- Die Feuerwehr rückt mit Alarm aus.

- Ein Rabe ruft „krah, krah“.
- Ein Frosch quakt.

Nimm Geräusche auf, die du irgendwo hörst, und lass andere Menschen später raten, worum es sich handelt.

In einem Strich

Das Haus vom Nikolaus kannst du wahrscheinlich in einem Zug nachzeichnen. Aber wie steht es mit dieser Figur? Versuch es!

RUNDE 8

Zwei oder vier Beine?

1 Wortarten

Nenne ein Tier mit vier Beinen und eins mit zwei Beinen. Um welche Wortart handelt es sich bei deinen Antworten und wie schreibt man diese Wörter am Wortanfang?

Vier Beine: Katze, Hund, Hase, …
Zwei Beine: Ente, Spatz, Hahn, …
Die Namen von Tieren sind Nomen; man schreibt sie groß.

2 Wortarten

Wie lauten die Steigerungsformen von „hoch"?

höher – am höchsten

3 Wortarten

Bilde zwei zusammengesetzte Nomen, die aus drei anderen Wörtern bestehen.
Beispiele: Fahrradklingel, Bratwurstbude

Bauernhoftiere, Autobahnpolizei, Kirchturmspitze, Süßwarenladen, Briefmarkenautomat, Armbanduhr …

4 Wortarten

In welchem Fall steht das Wort „Fahrrad" in diesem Satz?

Als die Bremsen versagten, lenkte Opa sein Fahrrad genau auf den großen Misthaufen zu.

4. Fall (Akkusativ)
Wen oder was lenkte Opa auf den Misthaufen zu?

★★★

5 Wortarten

Der Hahn flog erschrocken vom Misthaufen auf und landete …

Wohin könnte er geflogen sein? Gib drei Möglichkeiten an und benutze drei verschiedene Verhältniswörter.

auf dem Dach, unter dem Trecker, neben der Hundehütte, zwischen den Hühnern …

★★★

6 Satzlehre

In der Schule erklärt der Polizist Herr Obacht, worauf die Kinder beim Fahrradfahren achten sollen. Er sagt zum Beispiel: „Fahrt nie ohne Fahrradhelm!“ – „Gebt vor dem Richtungswechsel ein Handzeichen!“ – „Benutzt den Fahrradweg!“

Zu welcher Satzart gehören diese Sätze und welches Satzzeichen wird dahinter gesetzt?

Befehlssatz oder Aufforderungssatz; nach einem Aufforderungssatz steht ein Ausrufezeichen.

★★★

7 Satzlehre

Welches ist in dieser Satzverbindung der Nebensatz und woran kannst du ihn erkennen?

Weil Jakob in Pfützen gesprungen ist,
brauchte er dringend ein Bad.

Der Nebensatz lautet: „Jakob in Pfützen gesprungen ist“ und ist am Bindewort „weil“ zu erkennen.

8 Wortarten

Wie viele Pronomen sind in diesem kleinen Text? Achte nur auf die Personalpronomen.

Darauf kamen Esel, Hund und Katze zu einem Bauernhof, da saß auf dem Tor der Haushahn und schrie aus Leibeskräften. „Was schreist du denn so?", fragte ihn der Esel. „Weil am Sonntag Gäste kommen, hat die Hausfrau der Köchin gesagt, sie will mich dann in der Suppe essen", sprach der Hahn, „deshalb soll ich mir den Kopf abschneiden lassen. Nun schrei ich aus vollem Hals, solang ich noch kann." „Weißt du was", sagte der Esel, „zieh lieber mit uns fort, wir gehen nach Bremen, etwas Besseres als den Tod findest du überall. Du hast eine gute Stimme, da können wir zusammen musizieren." Dem Hahn gefiel sein Vorschlag gut und so gingen sie alle viere zusammen fort.

Es sind 15 Pronomen, sie sind hervorgehoben.

.... hat am ....
Name Datum

Aufgaben richtig gelöst. Prima!

Die Seite für dich: Mach mit!

Den Zwilling suchen

Hokuspokus

Drei verschiedene Geldstücke liegen auf dem Tisch. Während du dich umdrehst und nicht hinsiehst, darf der Zuschauer ein beliebiges Geldstück wegnehmen. Die anderen zwei legt er in einen Becher und deckt diesen mit einem Tuch ab. Danach soll er das gewählte Geldstück fest in seiner geschlossenen Hand halten und sich wieder setzen.

Nun drehst du dich um, wedelst mit einem Zauberstab über den Becher und murmelst seltsame Sprüche. Dann bittest du den Zuschauer, sein Geldstück jetzt ebenfalls in den Becher zu legen. Dabei drehst du dich wieder um, damit du nichts siehst. Wetten, dass du es ohne Hinschauen schaffst, genau das Geldstück aus dem Becher zu ziehen, das der Zuschauer vorher ausgesucht hat? Das Geldstück ist nämlich in der Hand warm geworden und fühlt sich wärmer an als die beiden anderen kalten Münzen.

RUNDE 9

Laut und leise

1 Wortarten

Sortiere folgende Verben nach der Lautstärke, die sie ausdrücken. Beginne mit dem leisesten Wort.

rufen – flüstern – brüllen – erzählen

flüstern – erzählen – rufen – brüllen

2 Vokale / Konsonanten / Doppellaute

Hier fehlt der Vokal. Erkennst du trotzdem, um welches Wort es sich handelt? Es ist ein Adjektiv.

schrf

scharf

3 Wortarten

Welches Wort aus der Reihe kann man nicht mit „Sommer" zusammensetzen?

Ferien – Tag – Kleid – Hoch – Blume – Tier

Tier

4 Wortfamilien / Wortfelder

Was versteht man unter einem Wortfeld?

a) Wörter, die denselben Stamm haben
b) Wortschilder auf einem Feld
c) eine Gruppe von sinnverwandten Wörtern

Antwort c)

5 Satzlehre

Mit welchen Fragewörtern fragt man nach dem Grund?

Warum? Weshalb? Wieso?

6 Wortarten

Wie heißen die fehlenden Wörter bei diesen Wortpaaren?
Beispiel: wohl ... übel (wohl oder übel)

... Stock und Stein
... dick und dünn
... eh und je

über Stock und Stein
durch dick und dünn
seit eh und je

7 Wortarten

Welche Wörter stehen in diesen beiden Sätzen im 3. Fall (Dativ)?

Anton kann Pizza gar nicht scharf genug sein!
Seinen Gästen tränen die Augen und brennen die Münder.

Die Wörter sind hervorgehoben.
Wem kann die Pizza nicht scharf genug sein?
Wem tränen die Augen?

✱✱✱ ☐

8 Satzlehre

Hier sind einige Bindewörter ganz falsch eingesetzt.
Verbessere die drei Sätze.

Mali ist krank, trotzdem muss er Medizin nehmen.
Er braucht jetzt viel Ruhe, deshalb besuchen ihn seine beiden besten Freunde.
Sie bleiben nicht bis abends, deshalb nur eine Stunde.

Mali ist krank, darum *(oder deshalb)* muss er Medizin nehmen.
Er braucht jetzt viel Ruhe, trotzdem besuchen ihn seine beiden besten Freunde.
Sie bleiben nicht bis abends, sondern nur eine Stunde.

.... hat am ....
Name Datum

☐ Aufgaben richtig gelöst. Prima!

Die Seite für dich: Mach mit!

Blumenexperiment

Wenn du den Stiel einer weißen Blume teilst (zum Beispiel Nelke oder Rose) und die eine Hälfte in ein Glas mit normalem Wasser und die andere Hälfte in ein Glas mit gefärbtem Wasser (etwa blau) stellst, kannst du nach wenigen Stunden etwas Seltsames beobachten. Die Blüte ist zur Hälfte weiß und zur Hälfte blau!
Durch die kleinen Röhrchen im Stiel der Blume saugt die Blume Wasser hoch. In den Blütenblättern, die mit Röhrchen aus dem blauen Wasser versorgt werden, lagern sich die Farbstoffe ab. Probier es selbst aus!

Heißer Punsch (für zwei Personen)

Dieses Getränk schmeckt und wärmt dich von innen:
Erhitze einen halben Liter Traubensaft, aber lass ihn nicht kochen. Häng einen Beutel Glühweingewürz hinein und lass das Ganze 10 Minuten ziehen. In der Zwischenzeit presst du eine Zitrone und eine Orange aus. Der Saft kommt mit in den Topf. Du kannst das Getränk noch zusätzlich mit Honig süßen.

RUNDE 10

Nashorn

1 Wortarten

Beschreibe ein Nashorn mit mindestens drei Adjektiven.

dick, groß, grau, gefährlich, breit …

2 Wortarten

Wie lautet die Mehrzahl von „Pinguin“?

Pinguine

3 Wortfamilien / Wortfelder

Welche Tiere passen zu welchen Adjektiven? Ordne sie zu.

Gepard	*schneeweiß*
Krokodil	*schlammgrün*
Eisbär	*blitzschnell*

Eisbär – schneeweiß
Gepard – blitzschnell
Krokodil – schlammgrün

4 Satzlehre

Wie lautet die Frage zu dieser Antwort?

Ein Elefantenbaby wiegt bei der Geburt so viel wie zwei Waschmaschinen.

Wie schwer ist ein Elefantenbaby bei der Geburt?

5 Wortarten

Finde mindestens vier neue Verben, indem du Wortbausteine wie be-, ver-, ab-, an-, aus-, weg-, ein- vor das Wort setzt. Achte auf das Beispiel: suchen – besuchen, versuchen, absuchen, aussuchen

Nimm das Verb „laufen".

ablaufen, nachlaufen, auslaufen, mitlaufen, vorlaufen, verlaufen, weglaufen, einlaufen …

6 Wortarten

Zähle alle Adjektive, die im folgenden Text vorkommen.

Im Tierpark von Osnabrück ist ein besonderes neues Gehege zu sehen: ein unterirdischer Zoo. Gleich hinter dem Eingang wurde ein 120 Meter langer Stollen gebaut. Balken und Bohlen stützen die Decken. Dämmriges Licht beleuchtet die Gänge und Höhlen. In den Wänden können die Besucher hinter dicken Glasscheiben Tierbauten erkennen.
Neben heimischen Tierarten wie Feldhamstern, Mäusen und Ratten sieht man auch exotische Tiere wie Präriehunde oder Nacktmulle.

Es sind 8 Adjektive, sie sind hervorgehoben.

7 Wortarten

Miriam soll etwas über ihren Zoobesuch schreiben. Sie benutzt immer nur „ist" oder „sind". Welches Verb kann ihren Satz anschaulicher und lebendiger machen?
Beispiel: Die Schlange ist in der Höhle. Die Schlange versteckt sich in der Höhle.

Die Pinguine sind im Wasser.

Die Pinguine spielen *(oder schwimmen)* im Wasser.

✱✱✱

8 Satzlehre

In welchem Satz findest du das Bindewort „dass“, das mit zwei s geschrieben wird?

a) Henry hat von dem Elefantenbaby gehört, das vor ein paar Tagen im Zoo geboren wurde.
b) Es stehen so viele Menschen vor dem Elefantengehege, dass Henry kaum etwas sehen kann.
c) Endlich macht ihm jemand Platz und Henry beobachtet das strubbelige Baby.
d) Sieht das aber niedlich aus!

Satz b) …, dass Henry kaum etwas sehen kann.
In den anderen Sätzen bezieht sich „das“ auf das Elefantenbaby und ist kein Bindewort.

.... hat am ....
Name Datum

Aufgaben richtig gelöst. Prima!

Die Seite für dich: Mach mit!

Treppenrätsel

Jedes Lösungswort besteht aus den Buchstaben der Reihe darüber und einem neuen Buchstaben. Dabei kannst du die Reihenfolge der Buchstaben beliebig verändern.

1. Das legen die Hühner.
2. Das schmeckt besonders gut im Sommer.
3. Damit kannst du etwas festbinden.
4. So soll es in der Klasse während des Unterrichts sein.
5. Einen ganz feinen Regen nennt man so.
6. Dies ist eine Frau, die ein Buch liest.

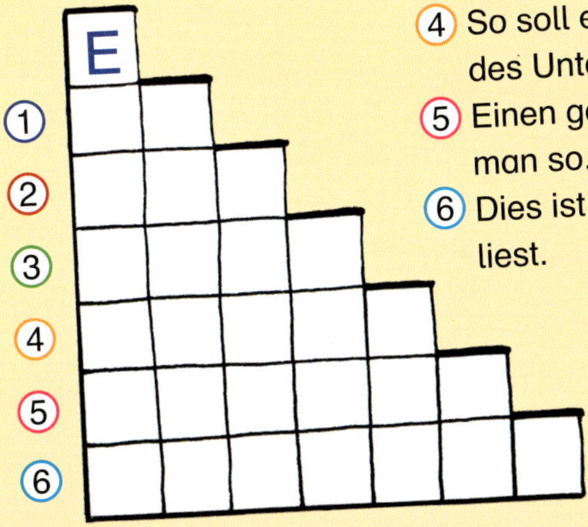

Im Watschelgang

Stell dich so hin, dass beide Beine etwas auseinanderstehen. Dann bück dich und fass mit den Händen an die Fußgelenke. Wie lange kannst du nun laufen, ohne die Hände loszulassen?

RUNDE 11

Im Traum

★★★

1 Wortarten

☐

Im Traum konnte Ole fliegen. Ergänze die richtigen Artikel.

Ole flog
über .... Wald,
durch .... Fußballstadion,
zwischen .... Hochhäusern und schließlich
zurück in .... Bett.

Ole flog über den Wald, durch das Fußballstadion, zwischen den Hochhäusern und schließlich zurück in das Bett.

★★★

2 Wortfamilien / Wortfelder

☐

Suche die Nomen heraus, die ein Gefühl bezeichnen.
Es sind drei.

Computer	*Federn*	*Luft*	*Angst*
Blaubeeren	*Mut*	*Kissen*	*Freude*

Angst, Mut, Freude

★★★

3 Vokale / Konsonanten / Doppellaute

☐

In der Aufforderung „Schlaf schön!" findest du einen Umlaut.

Wie viele und welche Umlaute gibt es in der deutschen Sprache?

drei, nämlich ä, ö und ü

4 Wortfamilien / Wortfelder

Finde mindestens sechs Begriffe, die zur Wortfamilie „Traum“ gehören.

traumhaft, Albtraum, Traumprinz, Träumerei, ausgeträumt, Traumgestalt, Traumdeutung, Wunschträume, Träumer, traumwandeln, Traumjob …

5 Wortarten

Im Traum rief Ole seinen Eltern zu: „Morgen werde ich nicht zur Schule gehen. Ich werde bis zum Meer fliegen. Dort …“

Bilde zwei weitere Sätze in der Zeitform Zukunft, die Ole sagen könnte.

Dort werde ich schwimmen und im Sand liegen. Dann werde ich eine Sandburg bauen. Ich werde Fische fangen …

6 Wortarten

Mit der Höflichkeitsform „Sie, Ihnen, Ihr“ spricht man fremde Erwachsene an.
Wie würde der Satz heißen, wenn er nicht an die Freundin Marita, sondern an eine fremde Dame in der Straßenbahn gerichtet wäre?

Wenn du deine Tasche auf den Boden stellst, kann ich mich noch neben dich setzen.

Wenn Sie Ihre Tasche auf den Boden stellen, kann ich mich noch neben Sie setzen.

★★★ ☐

7 Satzlehre

Welches ist das Prädikat in diesem Satz?

Mitten in der Nacht, unter der dicken Eiche ruhend, bedeckt von weichen Blättern, träumte der Zwerg von seinen Gefährten, die er seit Wochen nicht mehr gesehen hatte.

träumte

★★★ ☐

8 Satzlehre

Stelle die Satzglieder dieses Satzes so oft um, wie es in einem Aussagesatz möglich ist.

Ole erzählt seinem Freund den verrückten Traum.

Seinem Freund erzählt Ole den verrückten Traum.
Den verrückten Traum erzählt Ole seinem Freund.
Ole erzählt den verrückten Traum seinem Freund.

.... hat am ....
Name Datum

☐ Aufgaben richtig gelöst. Prima!

Die Seite für dich: Mach mit!

Mandala

Male dieses Mandala bunt aus, so, wie es dir am besten gefällt.

Was ist das?

1. Wenn es sein Bett verlässt, richtet es Schaden an.
2. Was läuft um den Garten, ohne sich zu bewegen?
3. Welcher Mann lebt nur im Winter?
4. Welchen Garten kannst du nicht gießen?

RUNDE 12

Wanderzirkus

1 Satzlehre

Die Kinder aus einem Wanderzirkus gehen meist dort zur Schule, wo ihr Zirkus gerade Station macht. Nach ein paar Wochen ziehen alle weiter.

Stell dir vor, auch in deine Klasse käme ein Zirkuskind. Was möchtest du gern von ihm wissen? Formuliere mindestens drei Fragen mit unterschiedlichen Fragewörtern.

Wo warst du schon überall?
Wann zieht dein Zirkus weiter?
Wer ist der Zirkusdirektor oder die Zirkusdirektorin?
Wie lange kommst du in unsere Schule? …

2 Wortfamilien / Wortfelder

Fallen dir zehn Begriffe ein, die zum Wortfeld „Zirkus“ gehören?

Zirkuszelt, Manege, Clown, Trapez, jonglieren, Zirkusmusik, Akrobat, Applaus, Trommelwirbel, Messerwerfer, Zirkuswagen, Zirkuspferd, Feuerschlucker …

3 Wortarten

Bei den Proben für die Zirkusvorstellung hört man viele Befehlsformen. Wie lauten sie in der zweiten Person Einzahl und Mehrzahl für diese Verben?

werfen – fangen – festhalten

werfen – wirf! werft!
fangen – fang! fangt!
festhalten – halte fest!
haltet fest!

4 Wortarten

Die beiden Clowns August und Otto bringen die Zuschauer zum Lachen. Einer will immer besser, klüger, erfolgreicher als der andere sein, was aber meistens nicht klappt.

Wie lauten die Steigerungsformen von „viel Applaus“?

mehr Applaus – am meisten Applaus

5 Wortarten

Wie lauten die Wörter „der Akrobat“ und „das Trapez“ in der Mehrzahl?

die Akrobaten und die Trapeze

6 Wortarten

Zusammengesetzte Verben werden in Sätzen manchmal getrennt. Bilde einen Satz nach dem Muster, der etwas mit Zirkus zu tun hat.
Beispiel: Die Trapezkünstler bereiten sich auf den großen Sprung vor. – vorbereiten

Der Akrobat springt vom Seil hinunter.
Der Applaus hört gar nicht auf.
...

7 Satzlehre

Bilde einen Satz mit einem Wort im 2. Fall (Genitiv) aus diesen Begriffen:

silbern – Kostüm – Seiltänzerin – glitzern

Das Kostüm der Seiltänzerin glitzert silbern.
Wessen Kostüm? – der Seiltänzerin

★★★

☐

8 Satzlehre

Bestimme das Subjekt in diesem Satz.

Scheinbar ungerührt schleudert der Messerwerfer seine Messer auf die Scheibe, dicht an seiner Assistentin vorbei.

der Messerwerfer

Wer schleudert seine Messer auf die Scheibe?

.... hat am ....

Name Datum

Aufgaben richtig gelöst. Prima!

Die Seite für dich: Mach mit!

Schokobananen aus dem Backofen

Zieh von einer Banane vorsichtig die Schale so auf, dass sie hinten noch zusammenbleibt. Dann schneide das Fruchtfleisch der Banane mehrmals ein und steck Schokoladenstückchen in die Ritzen. Klapp die Schale wieder zu und leg die Banane auf ein mit Backpapier ausgelegtes Backblech in den heißen Backofen (ca. 200 °C). Schon bald ist die Schokolade geschmolzen und die Banane innen ganz weich. Lass die Banane etwas abkühlen, dann kannst du sie auslöffeln. Guten Appetit!

Eislaterne

Wenn es im Winter kalt ist und friert, kannst du eine tolle Eislaterne für den Balkon oder Garten basteln. Du füllst einen kleinen Eimer mit Wasser und stellst ihn nach draußen in die Kälte. Nach einigen Stunden gefriert das Wasser vom Rand aus langsam zu Eis.

Nun stell eine Flasche mitten in den Eimer. Damit die Flasche nicht schwimmt, lass sie ungefähr halb voll Wasser laufen. Dann kommt der Eimer wieder nach draußen. Über Nacht (manchmal dauert es auch etwas länger) gefriert das Wasser im Eimer zu einem festen Block. Jetzt holst du ihn ins Warme und wartest, bis du den Eisblock leicht aus dem Eimer lösen und die Flasche entfernen kannst. Wenn du draußen eine Blockkerze in die Mitte stellst und bei Dämmerung anzündest, sieht das wunderschön aus …

RUNDE 13

Festessen

★★★ 1 **Wortfamilien / Wortfelder**

Welches Wort gehört nicht zur Wortfamilie „essen"?

Essstäbchen – sie aßen – Esspapier – vergessen – Festessen

vergessen

★★★ 2 **Wortarten**

Wie heißen die beiden Steigerungsformen von „das große Versprechen"?

das größere Versprechen – das größte Versprechen

★★★ 3 **Wortarten**

Nenne drei Adjektive mit „-ig" oder „-lich".
Beispiele: farbig, ärgerlich

sonnig, saftig, blumig, täglich, freundlich, herzlich …

4 Wortarten

Sam lädt seine Freunde zu einem großen Festessen ein. Zum Nachtisch gibt es eine Sahnetorte, die Sam selbst gebacken hat. Wie lautet folgender Satz mit den anderen Personalformen in der Gegenwart (Präsens)?

Ich esse Sahnetorte.

Du isst Sahnetorte.
Er / Sie / Es isst Sahnetorte.
Wir essen Sahnetorte.
Ihr esst Sahnetorte.
Sie essen Sahnetorte.

5 Satzlehre

Wie heißen die anderen Aussagesätze, die du mit den folgenden Satzteilen bilden kannst?

Am Ostersonntag aß mein Bruder zehn Ostereier.

Zehn Ostereier aß mein Bruder am Ostersonntag.
Mein Bruder aß am Ostersonntag zehn Ostereier.
Mein Bruder aß zehn Ostereier am Ostersonntag.

6 Wortarten

In welchem Fall steht hier das Wort „Wärmflasche“?

Nach dem Ostereieressen war meinem Bruder schlecht. Eine Wärmflasche auf dem Bauch half ihm.

1. Fall / Nominativ
Wer oder was half ihm?

★★★ ☐

7 Vokale / Konsonanten / Doppellaute

Findest du ein Wort, das genauso viele Vokale wie Konsonanten hat?
Beispiel: Eischnee

blau, Teetasse, Kaffee, Hase, weinen, laut, Eiskugel …

★★★ ☐

8 Wortarten

Bestimme die Person und die Zeitform des Verbs aus der wörtlichen Rede.

Mein Bruder versprach hoch und heilig: „Nie wieder werde ich so viele Ostereier auf einmal essen!"

ich werde essen = 1. Person Einzahl, Zukunft (Futur)

.... hat am ....
Name Datum

☐ Aufgaben richtig gelöst. Prima!

Die Seite für dich: Mach mit!

Farbenspiel

Leg dich gemütlich auf dein Bett, dein Sofa oder einfach auf den Fußboden. Dann schließ die Augen und denk an deine Lieblingsfarbe. Stell dir eine Fläche in dieser Farbe vor oder eine dicke Linie, eine Seifenblase, einen Luftballon, ein Hemd, ein Auto, ein Handtuch, eine Blume oder, was dir einfällt.
Dann kannst du die Augen wieder aufmachen. Schau dich von deinem Platz aus im Zimmer um und achte auf alles, was in dieser Farbe zu sehen ist. Du wirst merken, dass du plötzlich ganz viel entdeckst!
Beim nächsten Mal nimmst du eine andere Farbe oder spielst das Farbenspiel draußen.

RUNDE 14

Auf dem Fußballplatz

1 Wortarten

Gebannt verfolgen die Zuschauer das Fußballspiel. Nenne fünf Verben, die ausdrücken, was die Zuschauer während des Spiels tun.

singen, rufen, klatschen, aufspringen, toben, jubeln, anfeuern …

2 Vokale / Konsonanten / Doppellaute

Hier fehlen die Vokale. Aber du findest bestimmt heraus, was die Fans hier rufen.

Tr! Tr! Tr!

Tor! Tor! Tor!

3 Wortarten

Ergänze den folgenden Satz zweimal. Gib an, wohin der Ball fliegen könnte. Benutze zwei verschiedene Verhältniswörter.

Der Ball fliegt …

Der Ball fliegt in die linke Ecke.
Der Ball fliegt aus dem Spielfeld.
Der Ball fliegt hinter das Tor.
…

★★★ ☐

4 Satzlehre

Der Sportreporter beobachtet einen Spieler am Spielfeldrand und fragt etwas. Wie muss seine Frage richtig heißen?

am Spielfeldrand – sich warm laufen – ein Ersatzspieler

Läuft sich am Spielfeldrand ein Ersatzspieler warm?

★★★ ☐

5 Wortarten

Anna trainiert hart, um in ihrer Fußballmannschaft immer besser zu werden. Höre den Aussagesatz an und formuliere ihn für gestern und für morgen. Nimm die passende Zeitform.

Heute läuft sie zehnmal um den Sportplatz.

Gestern lief sie zehnmal um den Sportplatz.
Morgen wird sie zehnmal um den Sportplatz laufen.

★★★ ☐

6 Wortarten

Welches Nomen steht im 4. Fall (Akkusativ)?

Geduldig erklärt Mehmed seinem Freund die Regeln des Abseitsspiels.

die Regeln
Wen oder was erklärt Mehmed?

★★★ ☐

7 Wortarten

Früher war Annas Vater ein erfolgreicher Torwart. Davon erzählt er gern. Bilde drei Sätze in der 1. Vergangenheit (Präteritum).

Ich hielt viele Bälle. Mit meiner Mannschaft feierte ich große Erfolge. Beim Training fehlte ich nie …

★★★ ☐

8 Satzlehre

Verbinde die beiden folgenden Sätze mit einem Bindewort. Finde zwei verschiedene Möglichkeiten.

Der Mittelstürmer wird gefoult.
Die gegnerische Mannschaft erzielt ein Tor.

Weil der Mittelstürmer gefoult wird, erzielt die gegnerische Mannschaft ein Tor.
Obwohl der Mittelstürmer gefoult wird, erzielt die gegnerische Mannschaft ein Tor.
Der Mittelstürmer wird gefoult, dennoch erzielt die gegnerische Mannschaft ein Tor.
…

.... hat am ....
Name Datum

☐ Aufgaben richtig gelöst. Prima!

Die Seite für dich: Mach mit!

Wer tut was?

Stell dir die gezeigten Tiere genau vor. Was ist typisch für sie? Verbinde dann die Tiere mit der passenden Handlung.

sträubt sein Gefieder

rollt sich ein

schlägt aus

röhrt

fletscht die Zähne

senkt die Hörner

faucht

schlägt ein Rad

Was ich an mir mag

Vor allem, wenn man gerade traurig ist, hilft es manchmal sich zu überlegen, was man an sich selbst gut leiden kann.
Pippi Langstrumpf zum Beispiel denkt dann:

- Ich bin sehr stark.
- Ich bin immer mutig.
- Meine Freunde sind Thomas und Annika.
- Ich kann prima Pfannkuchen backen.
- Ich mag meine Sommersprossen.

Was magst du an dir?

RUNDE 15

Umzug

1 Wortarten

Welches Nomen in dieser Reihe ist sächlich?

Wohnwagen – Kajüte – Zelt – Ferienwohnung

das Zelt

2 Wortarten

Max und seine Familie ziehen um. Max freut sich sehr auf sein neues Zimmer. Was könnte dort besser sein als in seinem alten? Formuliere einen Satz mit den Steigerungsformen von Adjektiven. Beispiel: Die Aussicht ist viel schöner als in seinem alten Zimmer.

Das neue Zimmer ist größer als das alte.
Die Wände sind höher.
Die Tapete ist bunter.
...

3 Wortarten

Ersetze die Nomen durch Pronomen.
Beispiel: Die Möbelträger tragen das Sofa. Sie tragen es.

Familie Ziehfort verabschiedet sich von den Nachbarn.

Sie verabschiedet sich von ihnen.

★★★ 4 **Wortarten**

In welcher Zeitform steht dieser Satz?

Am neuen Wohnort werde ich bald einen ersten Erkundungsgang machen.

Zukunft (Futur)

★★★ 5 **Satzlehre**

Bestimme das Subjekt.

In der neuen Schule sind Max alle Mitschüler noch fremd.

alle Mitschüler

★★★ 6 **Wortarten**

Übertrage diesen Satz von der 2. Vergangenheit (Perfekt) in die Gegenwart (Präsens).

Max hat seine Sachen in viele Umzugskisten gepackt.

Max packt seine Sachen in viele Umzugskisten.

★★★ 7 **Satzlehre**

Bilde einen möglichen Fragesatz, zu dem diese Antwort passen könnte.

Möbelträger müssen wissen, wie Schränke auseinandergebaut werden und welche Sachen sie zuerst in den Möbelwagen bringen.

Was müssen Möbelträger wissen?

✱✱✱ ☐

8 Satzlehre

Welches sind die Satzglieder in diesem Satz?

Max schleppt zwei schwere Umzugskisten.

Max *(Subjekt)*
schleppt *(Prädikat)*
zwei schwere Umzugskisten *(Objekt)*

.... hat am ....
Name Datum

☐ Aufgaben richtig gelöst. Prima!

Die Seite für dich: Mach mit!

Für Tänzerinnen und Tänzer

Stell dich gerade aufrecht hin, die gestreckten Beine stehen nah beieinander. Atme tief ein und hebe gleichzeitig beide Fersen vom Boden, bis du auf der halben Spitze stehst. Die Zehen sind fest am Boden; die Beine sollen nicht wackeln. Zähle bis fünf, danach bewegst du dich langsam zurück in die Grundposition.

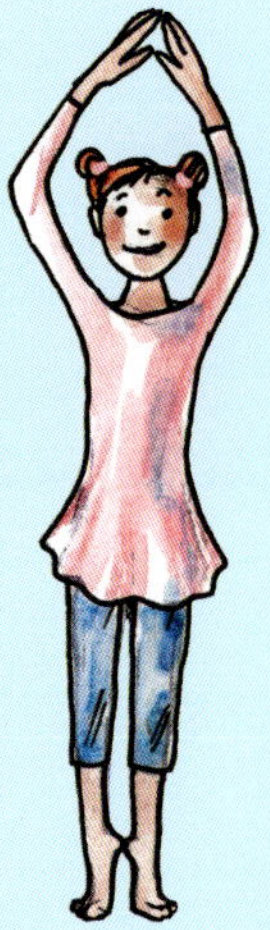

Wenn das schon gut klappt, kommen diese Schritte:

1. Stehe auf der halben Spitze, dann gehe leicht in die Knie und wieder hoch, bevor du die Fersen absenkst.
2. Nimm die Arme mit: Während du dich nach oben drückst, hebst du die Arme über die Seiten hoch, bis sie über deinem Kopf einen lockeren Kreis bilden.

Rätselkamm

Trage die gesuchten Wörter von oben nach unten richtig ein. In den farbigen Kreisen kannst du dann das Lösungswort lesen.

1. Ist unterhalb deines Mundes am Kopf.
2. Dort haben sich Hänsel und Gretel verirrt.
3. Geben sich Verliebte gern.
4. Reittier, das als besonders störrisch gilt.

RUNDE 16

Eisig

★★★

1 Wortarten

Wie heißt das passende Wort, das hier fehlt?

Im neuen Eiscafé gibt es über zwanzig Sorten Eis. Manuel zeigt auf die Sorte mit den Schokoladensplittern und sagt: „Bitte zwei Kugeln von .... Eis!"

diesem

★★★

2 Satzlehre

Nenne vier Ausrufewörter, wie sie in Ausrufesätzen vorkommen.
Beispiel: Mmh, das Eis schmeckt gut!

au, hurra, oho, oje, aha, hallo …

★★★

3 Wortarten

Verbinde die beiden Sätze mit einem passenden Bindewort.

Das Betreten der Eisfläche ist verboten.
Das Eis trägt noch nicht.

Das Betreten der Eisfläche ist verboten, weil das Eis noch nicht trägt. Oder: …, denn das Eis trägt noch nicht.

★★★

4 Wortarten

Ändere den Satz in die Zeitform 2. Vergangenheit (Perfekt).

Das Eis tropft aus der Waffel auf den Teppich.

Das Eis ist aus der Waffel auf den Teppich getropft.

5 Wortfamilien / Wortfelder

Finde den richtigen Oberbegriff.
Beispiel: Limonade, Bier, Saft, Kaffee, Tee – Getränke

Auto, Motorrad, Bus, Ruderboot, Hubschrauber

Fahrzeuge

6 Wortarten

Bilde alle vier Fälle von „Eis".

das Eis, des Eises, dem Eis, das Eis

7 Wortarten

Ein Wort passt nicht in diese Reihe. Welches?

kichern – kicherst – kichert – gekichert – kichere

gekichert
Es ist keine Gegenwartsform des Verbs „kichern".

8 Wortarten

Bilde zwei zusammengesetzte Nomen aus Verb und Nomen wie im Beispiel:
kichern – Erbse: Kichererbse

rennen – Maus: Rennmaus
schwimmen – Brille: Schwimmbrille
saugen – Napf: Saugnapf
...

.... hat am ....
Name Datum

Aufgaben richtig gelöst. Prima!

Die Seite für dich: Mach mit!

Fühlkiste

Du brauchst einen alten Schuhkarton. Schneide in eine der schmalen Seiten ein Loch. Es soll so groß sein, dass man bequem seine Hand durchschieben kann. Außen klebst du ein Stück Stoff wie eine Gardine vor das Loch. Du kannst den Stoff auch festtackern.

Nun brauchst du Gegenstände, die sich unterschiedlich anfühlen. Gut geeignet sind:

- ein Stück Moos
- Gras
- Wattebäusche
- eine Bürste
- Tannenzapfen
- Schaumstoff
- ein feuchter Waschlappen
- ein halb gefüllter Luftballon
- ein Schwamm (trocken oder nass)
- einige kalte gekochte Nudeln

Lass jemanden in die Kiste hineinfassen und raten, was dort wohl liegt. Vielen ist das ein bisschen unheimlich, aber sie finden es auch spannend. Wer traut sich?

RUNDE 17

Lava

1 Wortarten

Wie heißt die Mehrzahl von „der Lavastrom"?

die Lavaströme

2 Vokale / Konsonanten / Doppellaute

Nenne ein Wort, das mit dem Konsonanten „V" beginnt.

Vogel, Vater, Violine, Vulkan, vielleicht …

3 Wortarten

Ein Verhältniswort in diesem Satz ist falsch. Welches?

Zur Zeit der Römer verschwand bei einem Ausbruch des Vulkans Vesuv die Stadt Pompeji über einem glühenden Asche- und Gesteinsregen.

Falsch ist „über". Es muss heißen: „unter".

4 Wortarten

Suche hier die 2. Steigerungsform des Adjektivs, nenne die Grundform und die 1. Steigerungsform.

Der Popocatepetl in Mexiko zählt zu den gefährlichsten Vulkanen der Welt.

Grundform:	gefährlich
1. Steigerungsform:	gefährlicher
2. Steigerungsform:	gefährlichsten

★★★ **5 Wortarten**

☐ Zähle die Artikel in diesen Sätzen.

Auf dem Mond Io des Planeten Jupiter gibt es aktive Vulkane. Sie speien viel Schwefeldampf aus. Durch diese Ablagerungen ist die Oberfläche des Mondes gelb und rot verfärbt.

Es sind vier Artikel, sie sind hervorgehoben.

★★★ **6 Satzlehre**

☐ Nenne die Bindewörter in diesem Satz.

Aufhalten lassen sich Lavaströme nicht, aber sie bewegen sich meist so langsam vorwärts, dass man sich in Sicherheit bringen kann.

aber, dass

★★★ **7 Wortarten**

☐ Wie heißen die vier Fälle von „der Vulkan"?

der Vulkan, des Vulkans, dem Vulkan, den Vulkan

★★★ **8 Satzlehre**

☐ Wie lautet das Prädikat in diesem Satz?

Heutzutage warnen Vulkanforscher rechtzeitig vor einem Ausbruch.

warnen

.... hat am ....
Name Datum

☐ Aufgaben richtig gelöst. Prima!

Die Seite für dich: Mach mit!

Reiseziele

Wenn du in jedem Kasten mit dem richtigen Buchstaben beginnst und die anderen Buchstaben in der richtigen Reihenfolge anhängst, ergeben sich drei Ländernamen (1 x aus Afrika; 1 x aus Europa; 1 x aus Südamerika). Du kannst immer nur Buchstaben anhängen, die oben, unten, links oder rechts im nächsten Feld stehen, niemals schräg.

B	E	I
R	N	L
A	S	I

M	B	U
E	L	R
X	U	G

A	A	D
K	F	Ü
I	R	S

Suchbilder

Finde acht Unterschiede und kreise sie ein.

RUNDE 18

Fütterung

★★★

1 Wortarten

☐

Welche Verben verstecken sich in den Nomen?
Beispiel: Fütterung – füttern

Reinigung – Getränk

reinigen, trinken

★★★

2 Wortarten

☐

Wie lautet der richtige Begleiter zu „Unterkiefer“?

der Unterkiefer

★★★

3 Satzlehre

☐

Welches Satzzeichen steht hinter diesem Satz?

Gib mir das Heft ……

ein Ausrufezeichen

4 Wortarten

Wie viele Verhältniswörter stecken in diesem Text?

Die Tiger im Zoo sollen sich nicht langweilen. Manchmal bekommen sie in Wassereimern eingefrorene Leckereien. Dann sind sie damit beschäftigt, das Eis mit ihren Zähnen aufzuknacken.

Es sind drei Verhältniswörter, sie sind hervorgehoben.

5 Wortarten

In welcher Zeitform stehen die folgenden Sätze?

Die Säbelzahnkatzen erhielten ihren Namen wegen ihrer enorm langen, gebogenen Eckzähne. Diese Tiere gehörten nicht zu den Tigern. Sie starben vor 40 000 Jahre aus.

1. Vergangenheit (Präteritum)

6 Wortarten

Ergänze ein Pronomen, das anzeigt, wem etwas gehört.

Ruhelos wandert der Tiger in .... Käfig hin und her.

seinem

7 Wortarten

Finde den Fragesatz, mit dem du nach dem Pronomen fragen kannst.

Der Tierwärter bringt ihm einen Eimer Futter.

Wem bringt der Tierwärter einen Eimer Futter?

★★★ ☐

8 Satzlehre

Erweitere den Satz um mindestens drei Wörter. Du kannst die vorgegebenen Wörter auch umstellen.

Selina kommt.

Selina kommt gut gelaunt aus dem Zoo.
Warum kommt Selina nicht endlich?
Heute kommt Selina nicht zum Klavierunterricht.
...

.... hat am ....
Name Datum

☐ Aufgaben richtig gelöst. Prima!

Die Seite für dich: Mach mit!

Fingertheater

Kopiere und vergrößere diese Figuren und schneide sie aus. Klebe die Enden so zusammen, dass ein Ring entsteht, der gut auf deinen Finger passt. Jetzt kannst du dir selbst alle Figuren zusammenstellen, die du für ein Theaterstück brauchst. Mehr als fünf sollten es nicht sein. Steck die Figuren auf deine Finger und los geht's! Wenn eine Figur auftreten soll, klappst du den Finger hoch; wenn sie gerade nicht mitspielt, klappst du ihn runter. Jetzt brauchst du dir nur noch eine kleine Geschichte auszudenken.

Noch mehr Theater

In diesen Buchstabenreihen haben sich fünf Begriffe versteckt, die zum Theater gehören. Findest du sie? Kreise sie ein.

H I S N R U H W T O M I T E W E R P F M A S K E L O D A

B R U S O P S C H N E L S I V O R H A N G H O P M N O M

G E L K P U B L I K U M A M I D R E I S Ö L Z T Z I W O R E

L E E W I K E N D O R E B Ü H N E S S O T R O P B N I S O W

M U S D R E O J O G U E O R I S M A L I W R O L L E E S R T B

RUNDE 19

Über Ponys

★★★

1 Wortarten

In welcher Zeitform stehen diese Sätze?

Das Pony ist ein kleines Pferd.
Es lebt in einer Herde.

Gegenwart (Präsens)

★★★

2 Wortarten

Welche Steigerungsformen von Adjektiven tauchen hier auf?

Das Shetlandpony ist eines der kleinsten Pferde. Es misst etwa einen Meter vom Boden bis zur Schulter und trotzdem ist es stärker als die viel größeren Pferde.

kleinsten, stärker, größeren

★★★

3 Wortfamilien / Wortfelder

Mit dem Pony, das in einem Pferdestall lebt, muss man sich täglich beschäftigen. Finde drei Verben, die eine Tätigkeit rund um Pferde benennen.

bürsten, striegeln, füttern, reiten, satteln …

★★★

4 Satzlehre

Bilde den Fragesatz zu folgender Antwort.
Achte auf die richtige Verbform.

Das männliche Pony heißt Hengst und das weibliche Stute.

Wie heißen das männliche und das weibliche Pony?

5 Wortarten

Nenne ein anderes Nomen, das auf „-y“ endet, und bilde die Mehrzahl.
Beispiel: Pony – Ponys

Baby – Babys, Hobby – Hobbys, Party – Partys …

6 Satzlehre

Welches ist hier der Hauptsatz?

Im Winter haben Ponys ein dickes Fell, das sie vor Kälte und Nässe schützt.

Im Winter haben Ponys ein dickes Fell.

7 Satzlehre

Bestimme das Subjekt in diesem Satz.

Ein paar Minuten nach der Geburt versucht das Fohlen schon aufzustehen.

das Fohlen

8 Wortarten

Bestimme das Verb in diesem Satz nach Person und Zeitform.

Ponys beknabbern sich gegenseitig zärtlich mit den Zähnen.

3. Person Mehrzahl, Gegenwart (Präsens)

.... hat am ....
Name Datum

Aufgaben richtig gelöst. Prima!

Die Seite für dich: Mach mit!

Zwei gehören zusammen

Verbinde immer zwei Gegenstände, die etwas gemeinsam haben. Der Papagei und die Biene können zum Beispiel beide fliegen.

Blitzschnelles Windlicht

Du brauchst:

- ein Wasserglas
- ein Teelicht
- eine Butterbrot-Papiertüte

Du legst das Teelicht in das Glas, dann stellst du dies in eine einfache Papiertüte, wie sie zum Einpacken von Butterbroten verwendet wird. Fertig!

Noch schöner sieht es aus, wenn du auf die Tüte ausgeschnittene Sterne oder gepresste Blätter oder Blumen aufklebst. Achtung: Keine Kerze ohne Aufsicht brennen lassen!

RUNDE 20

Im Schlafwagen

1 Wortarten

Wie heißt die Mehrzahl von „der Schlafwagenschaffner“?

die Schlafwagenschaffner

2 Wortarten

Welche beiden Nomen sind in diesem Satz enthalten?

Nachts muss sich dein Körper gut ausruhen, darum sollte dein Bett unbedingt bequem sein.

Körper, Bett

3 Wortarten

Wie sollte dein Bett sein? Beschreibe es mit einem Adjektiv, das auf „-lich“ oder „-ig“ endet.

gemütlich, kuschelig …

4 Wortarten

Hier steht ein falsches Verhältniswort. Verbessere den Satz.

Die alten Ägypter schliefen unter schmalen Holzbetten und benutzten Nackenstützen statt Kopfkissen.

Statt „unter“ heißt es „auf“ schmalen Holzbetten.

5 Satzlehre

Bilde mit den Wörtern einen Aussagesatz in der 1. Vergangenheit (Präteritum).

früher – manche Leute – nachts – tragen – Schlafmütze

Früher trugen manche Leute nachts eine Schlafmütze.

6 Vokale / Konsonanten / Doppellaute

Tausche in einem Wort den Vokal aus und finde so einen neuen Begriff.
Beispiel: Geld – Gold

Wert – Wort, Nacht – nicht, Kohl – kahl, Ton – tun, Rat – rot …

7 Wortarten

Wie lauten die vier Fälle von „das Moskitonetz“?

das Moskitonetz, des Moskitonetzes, dem Moskitonetz, das Moskitonetz

8 Wortarten

Ändere hier die Zeitform in die 1. Vergangenheit (Präteritum).

Als sich Sonja in ihre Hängematte fallen lässt, reißt ein Befestigungsseil und sie hockt plötzlich auf dem Boden.

Als sich Sonja in ihre Hängematte fallen ließ, riss ein Befestigungsseil und sie hockte plötzlich auf dem Boden.

.... hat am ....
Name Datum

Aufgaben richtig gelöst. Prima!

Die Seite für dich: Mach mit!

Gedicht versteckt

Ordne die Buchstaben richtig zu Wörtern. Dann kannst du ein Gedicht über ein Krokodil lesen.

MIT TE NAU FDERE LBE
SC HW IM MTEI NKR OKO DIL,
WAC KELTM ITDE MSC HWA NZE,
WE ISSNIC HT, WA SESW ILL.
GE HNS IEN ICHT IN SWA SSER,
HAL TENSIES ICHLI NKS,
DEN NSOE INKR OK ODIL
ISTE INGE FÄHR LICHDI NGS.

Tiere am laufenden Band

Kannst du diese Wörterkette weiter fortführen? Das nächste Tier muss immer den Buchstaben als Anfangsbuchstaben haben, mit dem das vorige aufhörte.

RABE – ESEL – LÖWE – EISBÄR – REGENWURM – M ...

....

....

....

RUNDE 21

Zahngeschichten

1 Wortfamilien / Wortfelder

Finde fünf Wörter aus dem Wortfeld „Zahn".

Zahnarzt, Zahnbürste, Zahnpasta, Zahnschmerzen, zahnlos, Zahnspange, Zahnrad …

2 Wortarten

Wie heißt jeweils die Grundform (Infinitiv) der drei Verben aus diesem Satz?

Wenn ein Milchzahn ausfällt, lege ihn nachts unter dein Kopfkissen, damit ihn die Zahnfee gegen etwas Schönes tauscht.

ausfallen, legen, tauschen

3 Wortarten

Wie heißen die Verben in diesem Text? Nenne jeweils die Grundform (Infinitiv).
Achtung: Einige Verben können geteilt sein!

Krokodile suhlen sich gern im Wasser und sperren dabei das Maul weit auf. Dann fliegen Vögel herbei und picken die Futterreste zwischen den Zähnen der Krokodile auf.

suhlen, aufsperren, herbeifliegen, aufpicken

4 Satzlehre

Wie heißt in diesem Satz das Prädikat?

Sklaven putzten den römischen Kaisern die Zähne.

putzten

5 Satzlehre

Bestimme hier das Subjekt.

Die Zähne des Pottwals können 25 cm lang werden.

die Zähne des Pottwals

6 Satzlehre

Stelle den Satz so oft wie möglich um. Es sollen immer Aussagesätze entstehen, keine Fragesätze.

Ich benutze jeden Tag eine elektrische Zahnbürste.

Jeden Tag benutze ich eine elektrische Zahnbürste.
Eine elektrische Zahnbürste benutze ich jeden Tag.
Ich benutze eine elektrische Zahnbürste jeden Tag.

7 Wortarten

Kennst du die Blume „Löwenzahn"? Findest du noch eine Pflanze, die einen zusammengesetzten Namen hat?

Gänseblümchen, Storchenschnabel, Fingerhut, Waldmeister …

★★★ ☐

8 Wortarten

In welchem Fall steht das Wort „Zähne" in diesem Rätsel?

Ich habe Zähne und bin kein Esser,
ich kann schneiden und bin kein Messer.

4. Fall / Akkusativ
Wen oder was habe ich?
Lösung des Rätsels: die Säge

.... hat am ....
Name Datum

Aufgaben richtig gelöst. Prima!

Die Seite für dich: Mach mit!

Regenstab basteln

Du brauchst:

- die leere Innenrolle einer Küchenpapierrolle oder ein Versandrohr aus Pappe (gibt es im Schreibwarenladen)
- ca. 8 bis 10 lange Nägel mit flachem, großem Kopf
- Klebstoff und Klebeband
- buntes Papier
- Hammer
- Reis, kleine Steinchen, trockene Erbsen

Zuerst verschließt du eine Öffnung der Rolle mit dem Klebeband (beim Versandrohr nicht nötig, das hat fertige Deckel). Klebe mehrere Lagen übereinander, damit es wirklich dicht ist. Mit dem Hammer schlägst du vorsichtig die Nägel von außen in die Rolle. Verteile die Nägel so, dass ringsherum von oben bis unten welche stecken. Jetzt füllst du Reis, Steinchen und Erbsen in die Rolle. Es reichen zwei oder drei Hände voll. Verschließe auch die zweite Öffnung der Rolle mit Klebeband.

Damit dein Regenstab schön aussieht, kannst du ihn mit buntem Papier bekleben.

Wenn du ihn nun drehst, rauschen die kleinen Dinge, die innen sind, durch den Stab und machen ein Geräusch wie fallender Regen.

RUNDE 22

Wasser marsch!

★★★ 1 **Wortarten**

☐ Nenne zwei Adjektive, die beschreiben, wie Wasser sein kann. Beispiel: durchsichtig

klar, kalt, flüssig, warm, schmutzig …

★★★ 2 **Wortfamilien / Wortfelder**

☐ Nach einem Regen verdunstet ein Teil des Regenwassers und steigt in den Himmel auf.

Finde fünf Begriffe, die etwas mit „Regen" zu tun haben.

Regenschirm, regnen, regnerisch, Regenmantel, verregnet, Regenwurm …

★★★ 3 **Satzlehre**

☐ Verbinde die beiden Sätze mit einem passenden Bindewort.

Unsere Erde wird „Blauer Planet" genannt.
Ihre Oberfläche ist zum größten Teil mit Wasser bedeckt.

Unsere Erde wird „Blauer Planet" genannt, weil ihre Oberfläche zum größten Teil mit Wasser bedeckt ist.

★★★ 4 **Wortarten**

☐ Wie viele Wörter stecken in dem Wort?
MEERWASSERHALLENBAD

Wenn du sechs findest, hast du diese Aufgabe richtig gelöst. Es gelten nur Wörter, die ohne Umstellen komplett enthalten sind.
Beispiele: Meer, er

Meer, er, was, Wasser, Ass, Hall, Halle, alle, Bad

5 Satzlehre

Gefrorenes Wasser braucht mehr Platz als flüssiges.

Drehe den Satz um und beginne mit: *Flüssiges Wasser …*
Achte dabei auf den Sinn!

Flüssiges Wasser braucht weniger Platz als gefrorenes.

6 Wortarten

Hör dir folgende Sätze an und zähle alle Nomen.
Wie viele sind es?

Der Wasserfloh ist ein Überlebenskünstler: Wenn er einen Feind wittert, lässt er sich einen langen Schwanz, einen Helm und Stacheln im Nacken wachsen. Auf diese Weise verändert der Wasserfloh seine Größe und seine Form und kann nicht mehr so leicht gefressen werden.

Es sind 11 Nomen, sie sind hervorgehoben.

7 Satzlehre

Wie lautet hier das Prädikat?

Manche Stoffe lösen sich im Wasser auf.

lösen sich auf

★★★ 8 **Satzlehre**

☐

Welche Fragesätze kannst du aus dem folgenden Satz bilden? Nenne zwei.

In Deutschland verbraucht jeder Mensch etwa 150 l Wasser täglich.

Wo verbraucht jeder Mensch etwa 150 l Wasser täglich?
Wer verbraucht in Deutschland etwa 150 l Wasser täglich?
Wie viel Wasser verbraucht jeder Mensch in Deutschland täglich?

.... hat am ....

Name Datum

☐ Aufgaben richtig gelöst. Prima!

Die Seite für dich: Mach mit!

Quiz

Weißt du Bescheid? Kreuze zuerst alle richtigen Antworten an. Dann trage unten der Reihe nach die Buchstaben ein, die dahinter stehen.

1. Wie nennt man ein Fahrrad, auf dem zwei Menschen sitzen und treten können?
   - ☐ Rikscha (T)
   - ☐ Tandem (U)
   - ☐ Doppelrad (M)
2. Aus welchem Getreide wird Popcorn hergestellt?
   - ☐ Weizen (O)
   - ☐ Reis (A)
   - ☐ Mais (C)
3. Wie heißt der höchste Berg in Deutschland?
   - ☐ Zugspitze (F)
   - ☐ Großglockner (A)
   - ☐ Matterhorn (K)
4. Was sind Nomaden?
   - ☐ Würmer, die im Wasser leben (T)
   - ☐ Eine ansteckende Krankheit (R)
   - ☐ Menschen, die nicht an einem festen Wohnsitz wohnen, sondern umherziehen. (A)

5. Was bedeutet es, wenn eine Katze schnurrt?
   - ☐ Sie hat Hunger. (E)
   - ☐ Sie hat Angst. (U)
   - ☐ Sie fühlt sich wohl. (S)
6. Welche Farbe entsteht, wenn man Blau und Gelb mischt?
   - ☐ Lila (D)
   - ☐ Grün (P)
   - ☐ Braun (G)
7. Was ist ein Pfifferling?
   - ☐ Ein Pilz (L)
   - ☐ Ein schlauer Schüler (R)
   - ☐ Ein kleines Geldstück (P)
8. Legten die Dinosaurier Eier?
   - ☐ Ja (K)
   - ☐ Nein (N)

Lösungswort:

☐	☐	H	☐	☐	☐	☐	O	☐	☐
5	2		7	4	1	8		6	3

RUNDE 23

Rattenfänger

★★★ ☐

1 Satzlehre

In Hameln – so erzählt man – hat vor vielen, vielen Jahren ein Rattenfänger der Stadt zuerst einen großen Dienst erwiesen und sich dann gerächt, als er seinen versprochenen Lohn nicht bekommen hat. Was hat er daraufhin getan? Bilde aus diesen Wörtern den passenden Aussagesatz.

locken – alle Kinder – aus der Stadt – der Rattenfänger

Der Rattenfänger hat alle Kinder aus der Stadt gelockt.

★★★ ☐

2 Wortarten

In welcher Zeitform ist dieser Text geschrieben? Es geht immer noch um die Kinder, die der Rattenfänger mit sich fortführte.

Die Eltern liefen vor alle Tore und suchten mit betrübtem Herzen ihre Kinder; die Mütter erhoben ein jämmerliches Schreien und Weinen. Boten wurden herumgeschickt, um sich zu erkundigen, ob die Kinder gesehen wurden, aber alles vergebens.

1. Vergangenheit (Präteritum)

★★★ ☐

3 Wortarten

Nenne die Grundform der beiden Adjektive, die in diesem Text in der zweiten Steigerungsform vorkommen.

Das Rattenfängerhaus zählt zu den bekanntesten und prachtvollsten Häusern in Hameln.

bekannt, prachtvoll

★★★ **4 Wortarten**

Zähle die Nomen in diesem Text über einen Brauch aus Hameln:

In jedem Jahr wird die Sage vom Rattenfänger in einem Freilichttheaterstück nachgespielt. Dabei dürfen auch Kinder mitmachen. Wer mindestens fünf Jahre alt ist, kann zum Beispiel als Ratte auftreten.

Es sind acht Nomen, sie sind hervorgehoben.

★★★ **5 Wortarten**

Welches Pronomen steht in diesem Satz?

Jana mag ihr graues Rattenkostüm mit der Kapuze.

ihr

★★★ **6 Wortarten**

Zähle die Verhältniswörter in diesen beiden Sätzen.

Der Sage nach führte der Rattenfänger die Kinder durch die Bungelosenstraße aus der Stadt. In dieser Straße wurde darum für immer das Spielen von Musik verboten.

Es sind sechs Verhältniswörter, sie sind hervorgehoben.

★★★ **7 Wortarten**

Wie lauten die vier Fälle von „die Sage“?

die Sage
der Sage
der Sage
die Sage

★★★

8 Wortarten

☐

In einem Gedicht über den Rattenfänger von Johann Wolfgang von Goethe heißt es:

Ich bin der wohlbekannte Sänger,
der vielgereiste Rattenfänger,
Den diese altberühmte Stadt
gewiss besonders nötig hat.

Bilde ebenfalls ein Adjektiv nach dem Muster von „wohlbekannt", „vielgereist" oder „altberühmt".

hochgelobt, meistgehört, vielgelesen …

.... hat am ....

Name Datum

Aufgaben richtig gelöst. Prima!

Die Seite für dich: Mach mit!

Wetter-Silbenrätsel

Aus diesen Silben kannst du sechs Begriffe zusammensetzen, die alle etwas mit dem Wetter zu tun haben.

ken Blitz Ge ter Wol
Ha ze bruch le Son Hit nen
eis wel wit gel schein

① ....
② ....
③ ....
④ ....
⑤ ....
⑥ ....

Regengedicht

In dieses Gedicht haben sich genau fünf falsche Buchstaben eingeschlichen. Wenn du sie einkreist und hintereinander liest, erfährst du, was sich jetzt jeder wünscht.

ES REGNET, ES REGNSET,
ES REGNET SEINOEN LAUF,
UNND WENN'S GENUG GEREGNNET HAT,
DANN HÖRT ES WIEDER AUFE.

RUNDE 24

Guten Appetit!

★★★ ☐

1 Wortarten

Suche die Steigerungsformen in diesen Sätzen.

Die Pflanzen, die auf der Erde am häufigsten gegessen werden, sind Weizen, Reis, Mais und Kartoffeln. Sie enthalten die meisten Nährstoffe.

am häufigsten, die meisten

★★★ ☐

2 Vokale / Konsonanten / Doppellaute

Hier fehlt der Vokal. Trotzdem wirst du das Wort erkennen. Ohne das schmecken die Gerichte nicht so gut.

Slz

Salz

★★★ ☐

3 Wortarten

Setze diese Nomen in die Mehrzahl.

Apfel – Zwiebel – Erdnuss

Äpfel – Zwiebeln – Erdnüsse

4 Wortfamilien / Wortfelder

In Indien frühstückt man einen Linsenpfannkuchen, der mit Kartoffeln und Zwiebeln gefüllt ist.

Suche drei Verben, die für dich etwas mit deinem Frühstück zu tun haben.

löffeln, trinken, essen, einschenken, schneiden, umrühren …

5 Satzlehre

Bei Schluckauf werden verschiedene Hilfsmittel empfohlen, zum Beispiel: „Trink ein großes Glas Wasser aus!"

Formuliere ebenfalls einen Aufforderungssatz aus diesen Wörtern:

einen Teelöffel Zucker essen

Iss einen Teelöffel Zucker!

6 Satzlehre

Wie lautet hier das Prädikat?

Die Chinesen haben die Nudeln vor den Italienern erfunden.

haben erfunden

7 Satzlehre

In diesem Satz steht ein falsches Bindewort.
Welches passt besser?

Trotzdem die ersten Kartoffeln von Peru nach Europa gebracht wurden, hielten viele Menschen sie für giftig.

Als (besser als: Trotzdem)

✱✱✱

8 Wortarten

☐ Welches Wort steht hier im 2. Fall (Genitiv)?

Die älteste Schokoladenfabrik Deutschlands wurde 1804 in Halle gegründet.

Deutschlands

.... hat am ....
Name Datum

Aufgaben richtig gelöst. Prima!

Die Seite für dich: Mach mit!

Fahrradspiel

Du brauchst einen Hof oder einen Weg ohne Autoverkehr, ein Stück Straßenkreide und ein Fahrrad. (Fahrradhelm ist Pflicht!) Zeichne mit der Kreide eine kurvige Wegstrecke mit zwei Begrenzungslinien auf den Boden. Die beiden Linien sollten ungefähr einen großen Schritt auseinander und mindestens fünfzehn Schritte lang sein. Nun versuchst du, die Strecke abzufahren, ohne die Linien zu überfahren und ohne den Boden zu berühren. Du kannst versuchen, die Strecke möglichst schnell oder möglichst langsam zu fahren.
Hast du einen Mitspieler, kann der die Zeit stoppen; danach wird gewechselt.

Scharf nachgedacht

Wie schreibt man 1000 ohne Nullen?

1000

RUNDE 25

Kängurubaby

★★★ ☐

1 Wortarten

Ergänze das fehlende Wort.

Bei seiner Geburt ist das Kängurubaby winzig, es ist nicht viel .... als ein Stück Würfelzucker.

größer

★★★ ☐

2 Wortarten

Welches Verb fehlt hier?

Kängurus .... gern frisches Gras.

fressen

★★★ ☐

3 Vokale / Konsonanten / Doppellaute

In freier Wildbahn leben Kängurus nur in Australien. Wie viele Konsonanten hat das Wort „Australien"?

fünf

★★★ ☐

4 Wortarten

Wie viele der folgenden Nomen sind nicht sächlich?

Känguru – Gras – Sprung – Hinterbein – Fell – Beutel – Blatt – Wüste

Es sind drei: der Sprung – der Beutel – die Wüste.

5 Satzlehre

Wie heißt der folgende Satz, wenn es nur um ein Kängurubaby geht? Formuliere ihn in der Einzahl.

Um besser zu hören, können Kängurus ihre Ohren in alle Richtungen drehen.

Um besser zu hören, kann ein Känguru seine Ohren in alle Richtungen drehen.

6 Wortarten

Wie lautet der folgende Satz in der 2. Vergangenheit (Perfekt)?

Das Kängurubaby wächst in dem Beutel seiner Mutter heran.

Das Kängurubaby ist in dem Beutel seiner Mutter herangewachsen.

7 Wortarten

Bestimme den Fall von „seinen Kopf".

Mit fünf Monaten streckt es seinen Kopf zum ersten Mal aus dem Beutel.

4. Fall (Akkusativ)
Wen oder was streckt es aus dem Beutel?

✱✱✱

8 Satzlehre

☐ Bilde aus zwei Sätzen einen Satz.

Das Kängurukind ist acht Monate alt.
Es ist zu groß für den Beutel.

Mit acht Monaten ist das Kängurukind zu groß für den Beutel.

.... hat am ....
Name   Datum

☐ Aufgaben richtig gelöst. Prima!

Die Seite für dich: Mach mit!

Was passt zu diesem Schuh?

Zu jedem Schuh gehört noch ein anderer Gegenstand. Schau genau hin und schreibe auf, welche Zahl zu welchem Buchstaben passt.

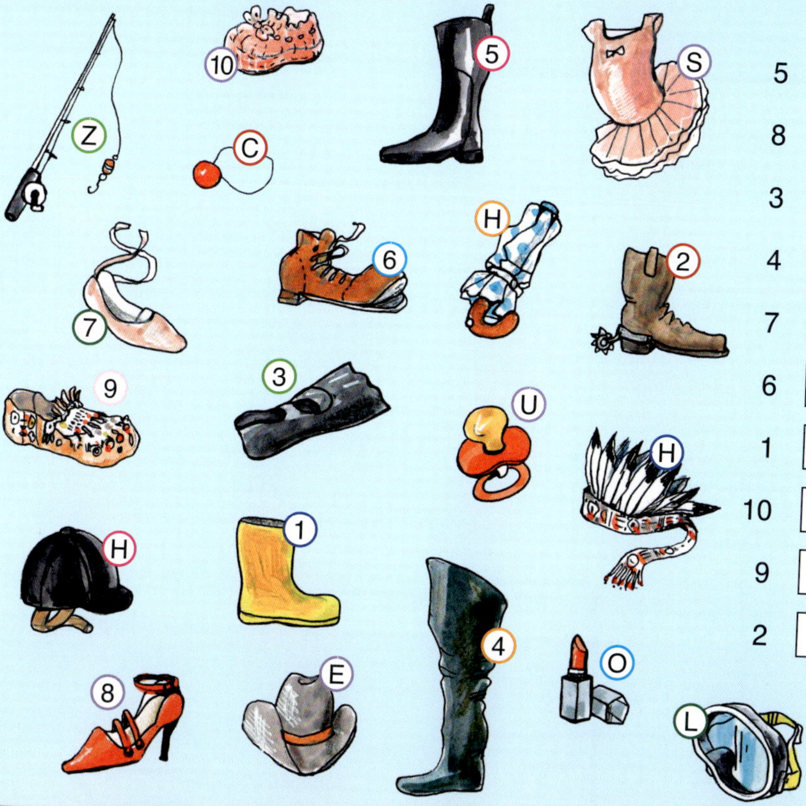

5	
8	
3	
4	
7	
6	
1	
10	
9	
2	

Milchshake

Du brauchst Obst, zum Beispiel Bananen oder Beeren. Zerdrücke das Obst in einer Schüssel und gib ½ l Milch und einen großen Löffel voll Jogurt oder Quark dazu. Dann rühre alles mit dem Mixer gut durch. Du kannst auch eine Kugel Vanilleeis mit verquirlen. Falls nötig, nimmst du noch etwas Honig, um nachzusüßen.

Die Seite für dich: Lösungen

S. 17 **Scherzfragen**

① Sich hinten anstellen
② Das F
③ Der Hering
④ Das Wasser
⑤ Die Nase
⑥ Das Pferd schlägt aus, der Blitz schlägt ein.
⑦ Es ist seine eigene Mütze.

Bilderrätsel

Buchstabensuppe

S. 21 **Berufe-Silbenrätsel**

Kamerafrau
Tätowierer
Spargelbauer
Puppenspielerin

S. 29 **Mini-Sudoku**

C	B	A	D
D	A	B	C
A	C	D	B
B	D	C	A

S. 33 **Märchenraten**

ROTKÄPPCHEN (1)
RUMPELSTILZCHEN (4)
DORNRÖSCHEN (5)
SCHNEEWITTCHEN (6)
FRAU HOLLE (2)
RAPUNZEL (3)
Lösungswort: TANZEN

S. 37 **Buchstaben vertauscht**

In den Wörtern sind die Vokale vertauscht, zum Beispiel rutscht das e aus Birne nach vorn und das i nach hinten. So wird aus

BERNI: Birne
POLIT: Pilot
TESSA: Tasse
NEDUL: Nudel
LEMPA: Lampe
GIMMU: Gummi

S. 41 **In einem Strich**

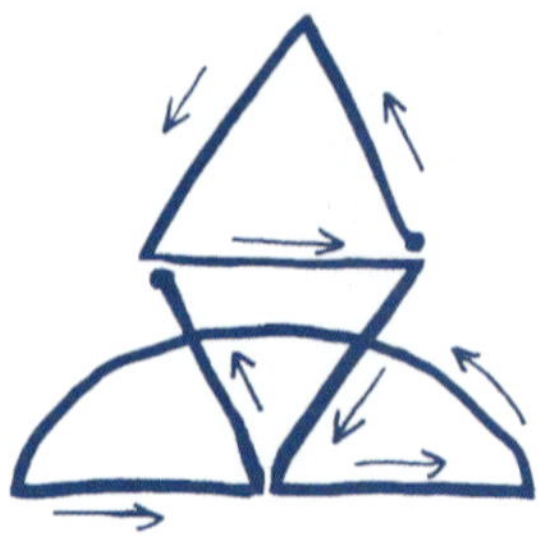

Du kannst auch beim letzten Punkt anfangen und allen Pfeilen in umgekehrter Richtung folgen.

S. 45 Den Zwilling suchen

S. 53 Treppenrätsel

① EI
② EIS
③ SEIL
④ LEISE
⑤ NIESEL
⑥ LESERIN

S. 57 Was ist das?

① Der Fluss
② Der Zaun
③ Der Schneemann
④ Den Kindergarten

S. 69 Wer tut was?

Stier senkt die Hörner
Hund fletscht die Zähne
Katze faucht
Igel rollt sich ein
Pferd schlägt aus
Vogel sträubt sein Gefieder
Hirsch röhrt
Pfau schlägt ein Rad

S. 73 Rätselkamm

① = KINN
② = WALD
③ = KUSS
④ = ESEL
Lösungswort: NASE

S. 79 Reiseziele

Südafrika, Luxemburg, Brasilien

Suchbilder

S. 83 Noch mehr Theater

Maske, Vorhang, Publikum, Bühne, Rolle

S. 86 Zwei gehören zusammen

Papagei – Biene
Sonnenblume – Rose
Löffel – Messer
Stuhl – Sofa
Zelt – Wohnwagen
Angel – Käscher
Kerze – Taschenlampe

S. 89 **Gedicht versteckt**

Mitten auf der Elbe
schwimmt ein Krokodil
wackelt mit dem Schwanze,
weiß nicht, was es will.
Gehn Sie nicht ins Wasser,
halten Sie sich links,
denn so ein Krokodil
ist ein gefährlich Dings.

S. 97 **Quiz**

① Tandem (U)
② Mais (C)
③ Zugspitze (F)
④ Menschen, die nicht an einem festen Wohnsitz wohnen, sondern umherziehen. (A)
⑤ Sie fühlt sich wohl. (S)
⑥ Grün (P)
⑦ Ein Pilz (L)
⑧ Ja (K)
Lösungswort: SCHLAUKOPF

S. 101 **Wetter-Silbenrätsel**

Gewitter
Hagel
Wolkenbruch
Blitzeis
Sonnenschein
Hitzewelle

Regengedicht

Lösungswort: Sonne

S. 105 **Scharf nachgedacht**

eintausend

S. 109 **Was passt zu diesem Schuh?**

⑤ – Ⓗ Reitstiefel und Reitkappe
⑧ – Ⓞ Stöckelschuh und Lippenstift
③ – Ⓛ Taucherflosse und Taucherbrille
④ – Ⓩ Anglerstiefel und Angel
⑦ – Ⓢ Ballettschläppchen und Balletttrikot
⑥ – Ⓒ Clownsschuh und Clownsnase
① – Ⓗ Gummistiefel und Regenschirm
⑩ – Ⓤ Babyschuh und Schnuller
9 – H Mokassin und Indianerfeder
② – Ⓔ Cowboystiefel und Cowboyhut
Lösungswort von oben nach unten: HOLZSCHUHE